BLV Garten- und Blumenpraxis

301 Gartenblumen
302 Gartenarbeit richtig gemacht
303 Kakteen und andere Sukkulenten
304 Bonsai
305 Ziergehölze
306 Obstbaumschnitt
307 Obst aus eigenem Garten
308 1×1 der Hydrokultur
309 Blattpflanzen für jede Wohnung
310 Gartengestaltung
311 Gemüseanbau
312 Gestalten mit Blüten und Blumen
313 Steingärten
314 Der gesunde Gartenboden
315 Biologischer Pflanzenschutz
316 Balkon- und Terrassengärten
317 Rosen
318 1×1 des Bio-Gärtnerns

BLV Garten- und Blumenpraxis

Friedrich-Wilhelm Frenz
Peter Lechl, Albrecht Sturm

Balkon- und Terrassengärten

Gefäße · Bepflanzung · Pflege

BLV Verlagsgesellschaft
München Wien Zürich

CIP-Kurztitelaufnahme der Deutschen Bibliothek

Frenz, Friedrich W.:
Balkon- und Terrassengärten: Gefäße, Bepflanzung, Pflege / Friedrich-Wilhelm Frenz; Peter Lechl; Albrecht Sturm. – München; Wien; Zürich: BLV Verlagsgesellschaft, 1983.
(BLV Garten- und Blumenpraxis; 316)
ISBN 3-405-12763-7

NE: Lechl, Peter:; Sturm, Albrecht:; GT

Bildnachweis

Apel 8, 55 o, 61 o, 67, 69 u
Burda 2, 21 o, 49, 52, 57 o, 64, 69 o, 70 u, 71 u, 72
CMA 59 o, 63 u, 66 u
Daudt 97
Eisenreich 53 o, 53 u
Frenz 22 ol, 56 M, 62 o, 63 o, 68 u, 80, 82 l, 84, 88 r
Großkopf 74
Heimhuber 36, 61 u
Institut f. Bodenkunde und Pflanzenernährung a. d. FHW: 31, 89 l, 89 r
Bayer. Landesanstalt f. Bodenkunde und Pflanzenanbau, München 96
Lechl 6, 11, 12, 14, 19 u, 20 o, 22 or, 24, 25, 28, 35, 39, 40, 47, 50, 51, 68 o, 86, 91 o, 91 u, 92 o, 94, 104
Pfletschinger 95
Seibold 58, 59 u, 60 ul, 60 ur
Seidl 55 u, 60 o, 70 o
Stehling 13, 19 o, 38, 57 u, 62 u, 71 o, 90, 102
Sturm 9, 17, 20 u, 21 u, 22 u, 23, 42, 43, 45, 46, 48, 54, 56 o, 56 u, 65 o, 65 u, 66 o, 75, 85, 88 l, 92 u, 100, 106, 112
Storz 98
Fa. Weber 81
Titelbild CMA

Grafiken: Marlene Gemke

BLV Garten- und Blumenpraxis 316

Gesamtherstellung: R. Oldenbourg, München

Printed in Germany · ISBN 3-405-12763-7

Inhalt

Einführung

Blumenschmuck auf dem Balkon und am Fenster hat besonders im Voralpenraum eine lange Tradition. Man wollte Lebensfreude zeigen und anderen kundtun. So findet man im Sommer in vielen Dörfern eine oft beeindruckende Blumenpracht, und Blumenschmuck nimmt derzeit überall zu.
Man möchte heute wieder verstärkt am Leben der Natur und der Jahreszeiten teilhaben. Für viele ist daher der Balkon Ersatz des Gartens, und andere, die selbst keinen Balkon besitzen, schmücken ihre Fenster mit Blumenkästen. Man schafft sich im Wohnbereich der Stadt den »eigenen Garten«. Gleichzeitig können Betonwüsten menschlicher gestaltet, Fassaden belebt und aufgelockert werden. So entsteht auch in diesem Raum mehr natürliche Lebensqualität.
Durch solche Beschäftigung kann darüberhinaus Freizeit sinnvoll genutzt und bereichert werden. Man kann Anregungen selbst verwirklichen und mit eigenen Ideen verbinden.
Die zahlreichen Blumenschmuckwettbewerbe in Städten und Dörfern sind letzten Endes Ausdruck unseres gestiegenen Umweltbewußtseins.
Dem Neuanfänger wie auch dem fortgeschrittenen Balkongärtner eröffnen sich dabei viele Fragen und Probleme. Hier zu helfen, Ratschläge und Anregungen zu geben, ist unser Ziel.

Auch am kleinsten Fenster ist Platz für Blumen.

Das Fenster

Die leuchtende Blütenpracht außen im Fensterbereich schafft oft interessante Fassaden und beeindruckt den Betrachter. Dabei sind außen auf der Fensterbank Blumen vor allem dort zu finden, wo man keinen Balkon besitzt. Früher standen vor dem Fenster nur Töpfe, durch eine Latte oder ein Gitter vor dem Herabfallen bewahrt. Sie sind heute meist durch Kästen ersetzt. Man nutzt die Tiefe des Fenstersimses und die Breite des Fensters optimal, ohne daß der Kasten übersteht. Ein möglichst großes Volumen ist stets von Vorteil.

Die Befestigung der außenhängenden Kästen ist besonders wichtig. Die Haken müssen so stabil sein, daß die Kästen vor dem Herausfallen gesichert sind, auch dann noch, wenn im Hochsommer ein Gewittersturm an den üppigen Pflanzen zerrt. Dabei ist natürlich ab einer bestimmten Höhe immer an ein Herabfallen von Kästen und Pflanzen zu denken, was stets gefährlich ist. Im Hochhaus muß ab einer bestimmten Höhe sogar auf außenhängende Kästen verzichtet werden.
Wenn Rolläden oder Fensterläden geschlossen werden müssen, hängt man die Kästen etwas tiefer und bepflanzt sie entsprechend.

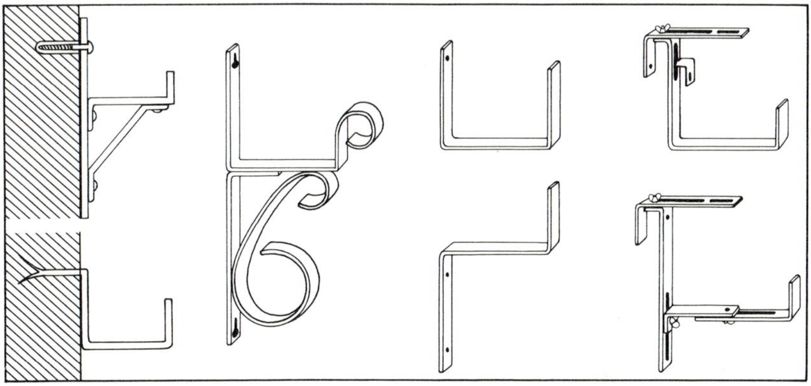

Kastenhaken für verschiedene Einsatzorte.

Manchmal muß man wegen der Himmelsrichtung und des Windes auf eine übliche Bepflanzung verzichten. Für diese extremen Verhältnisse sind nur wenige Pflanzen geeignet.

Auf die verschiedenen Probleme wie Kastenauswahl, Substrate, Pflanzenzusammenstellung, Nährstoffbedarf, Wasserversorgung und Pflege wird später gesondert eingegangen.

Rolläden müssen nicht von einer Bepflanzung abhalten.

Standorte

Der Balkon

Balkone ziehen sich oft über die ganze Front eines Hauses und stehen meist über die Außenmauern vor. Nur der oberste Balkon ist der Witterung voll ausgesetzt, wenn kein weit vorspringendes Dach vorhanden ist. Das meist ungünstige Längen- und Breitenverhältnis kann durch eine entsprechende Gestaltung verbessert werden. Bei einer guten Einteilung ist reichlich Platz für eine Bepflanzung und Mobiliar. Durch entsprechende Auswahl der Bepflanzung schaffen wir Sichtschutz zum Nachbarn oder auch zur Straße hin. Es entstehen Nischen für Sitzgruppen, zum Sonnenbaden, aber auch ein besonderer Platz, um im »Grünen« den Feierabend oder Urlaub zu verbringen. Diese zusätzliche Wohnfläche sollte bewußt gestaltet werden und nicht nur ein ins »Freie« verlagertes Wohnzimmer mit ausrangierten Möbeln sein. Hier haben nicht zu klobige Gartenmöbel und Korbwaren ihren Platz. Pflanzgefäße werden nicht nur in langer Reihe oben an der Brüstung befestigt, vielmehr können verschiedene Ebenen genutzt werden. Auf dem Boden in Ecken gestellte Gefäße eignen sich gut für größere Pflanzen wie auch für Schlinger, eine eventuelle Unterpflanzung muß jedoch schattenverträglich sein. Kästen an der Brüstungsinnenseite hängen sicherer und sind einfacher zu pflegen, nehmen aber Platz weg. Kleine und einzelne mittelhohe Pflanzen brechen lange, gerade Fronten ideal auf, ohne zu sehr abzuschirmen. Quergestellte Gefäße können eine weitere Raumaufteilung ergeben. Herabhängende Ampeln wirken auflockernd. Bei nicht zu dichter Bepflanzung fällt immer noch genügend Licht auf die dahinter liegenden Fenster und Türen. Natürlich muß die Himmelsrichtung des Balkons berücksichtigt werden. Ausgesprochene Südlagen lassen eine dichtere Bepflanzung zu als Nordlagen, bei denen fraglich ist, ob überhaupt bepflanzt werden kann. Balkone bei Hochhäusern sind oft nicht mehr als an die Häuserfront angeklebte »Schwalbennester«, sogenannte Minibalkone. Um diese in den Wohnraum einzubeziehen, bedarf es immer einer individuellen Gestaltung. Kästen werden aus Platzgründen außen davor gehängt, eine stabile Befestigung ist notwendig. Oftmals sind die Seitenfronten durchbrochen. In die Ecke gestellte Gefäße mit rankenden oder hängenden Pflanzen vergrößern optisch den Minibalkon. Platzsparende Lösungen können hauptsächlich durch selbstgebaute Gefäße erreicht werden.

Auf kleinem Raum läßt sich mit Pflanzen ein intensives Wohnerlebnis verwirklichen – entsprechende Möbel tragen dazu bei.

Die Loggia

Ist der Balkon in das Haus einbezogen, nennt man ihn Loggia. Bei Häusern modernerer Bauart sind oft Brüstungsgefäße eingebaut. Wegen der geringen Grundfläche werden sie ähnlich wie Minibalkone gestaltet. Eine Sitzgruppe ist hier noch möglich, während es sich beim Minibalkon vielleicht nur um einen einzelnen Stuhl oder Klappmöbel handelt. Wegen der Tiefe der Loggia ist der Lichteinfall an den Fenstern vermindert. Deshalb verzichtet man auf Ampeln und hohe Pflanzen. Sie haben höchstens an den Seiten Platz; überwiegend hängende, niedrige und einzelne mittelhohe werden bevorzugt. Die Wirkung der Bepflanzung richtet sich hier, im Gegensatz zum Balkon, mehr nach außen.

Die ebenerdige Terrasse

Sie ist eine Erweiterung des Hauses und schließt an den Garten an. Terrassen sollen in ihrer Anlage sowohl der Größe und dem Charakter des Hauses als auch des Gartens entsprechen. Sowohl von den Wohnräumen als auch von der Terrasse selbst soll die Sicht zum Garten frei sein. Ungünstig ist eine Abgren-

Mit einer Dauerbepflanzung wirkt auch eine Loggia im Winter reizvoll.

Tröge und Kübelpflanzen beleben selbst nüchterne Terrassen.

zung der Terrasse vom Garten durch eine dichte und hohe Bepflanzung. Wenn der Rasen oder eine niedrige Bepflanzung bis an den Plattenbelag heranreicht, vergrößert der »freie« Übergang optisch den Gartenraum. Die abschließenden Kanten sind entweder durchgehend oder aufgelöst, das heißt, einzelne Randplatten werden weggelassen und die Zwischenräume mit kleinen Stauden und Gehölzen bepflanzt. Der Belag sollte nach Regen bald wieder begehbar sein.
Die Terrasse ist ein zentraler Punkt des Aufenthalts im Freien. Hier ist vor allem Platz für Sitzgruppen zum Frühstück, Nachmittagskaffee oder geselligem Beisammensein. Wind- und Sichtschutz sind wichtig. Dafür sind Pergolen mit Kletterpflanzen oder einfache Rankgerüste geeignet. Auch eine Bepflanzung außerhalb oder eine Gruppierung von Pflanzgefäßen mit höherem und dichterem Bewuchs auf der Terrasse kann als Abschirmung und seitliche Einrahmung dienen.
Im übrigen Bereich sollte die Bepflanzung eher sparsam sein. Gehölze mit Solitärcharakter wie z. B. Korkenzieherhasel, Fächerahorn, Zierkirsche oder Zaubernuß kommen gut zur Geltung und nehmen nicht viel Platz weg. Einige Pflanzgefäße mit wechselnder Saisonbepflanzung sorgen für besondere jahreszeitliche Akzente. Die Terrasse ist auch der traditionelle Platz für Kübelpflanzen. Wer den geeigneten Raum zum Überwintern hat, kann im Sommer z. B. mit Agaven, Oleander, *Agapanthus,* Palmen oder Zitrusgewächsen eine südländische Atmosphäre zaubern.

Standorte

Die Dachterrasse

Gestaltete Dachterrassen als große Balkone kommen dem üblichen Garten am nächsten. Dem Namen nach gibt es sie nur auf dem Flachdach, viel häufiger sind sie jedoch bei Terrassenhäusern zu finden. Die intensivste Verbindung von Wohnung und Dachgarten ist beim Penthaus gegeben.
Seltener werden im privaten Wohnbereich die Dachterrassenflächen als aufgeschüttete Beete mit Oberbodenschicht und entsprechenden Unterschichten zum geregelten Wasserabzug angelegt. Voraussetzung sind eine ausreichende Belastbarkeit der Tragdecke und die Isolierung gegen durchdringende Wurzeln und stauende Nässe.
Der »mobile Garten« mit allen Arten und in der Größe variierbaren Pflanzgefäßen setzt sich hier mehr und mehr durch. In vielen Fällen ist durch eingebaute Tröge schon ein Pflanzraum vorgegeben. Bei längeren Trögen kann die Raumaufteilung durch zusätzliche Gefäße gelockert werden. Allerdings sollte ein gewisses Grundkonzept in Bepflanzung und Art der Gefäße eingehalten werden. Zusätzliche Pflanzgruppen finden eher an den Seiten Platz oder werden bei sehr langen eingebauten Pflanztrögen als Raumteiler benutzt.
Eine große Dachterrasse ohne eingebaute Pflanztröge erlaubt eher eine lockere Zusammenstellung von verschiedenen Pflanzgefäßen gleichen Materials oder auch eine Vielzahl in Material und Größe unterschiedlicher Gefäße. Zwischen Gefäßzusammenstellungen soll Platz für Sitzgruppen und zum Sonnenbaden bleiben. Pergolen können die Intimität und Idylle einer Sitzecke steigern.
Anders als bei Balkonen ist auf Dachterrassen die Pflanzung größerer Gehölze möglich. Auf windaus-

Schon wenige Wochen nach der Pflanzung können Stauden und Gehölze eine gartenartige Atmosphäre ergeben.

gesetzten Flächen ist die Auswahl in der Pflanzengröße und -art allerdings eingeschränkt. Eine Dauerbepflanzung mit teilweise immergrünen Laubgehölzen, Koniferen, Stauden und Gräsern wird auf der Dachterrasse bevorzugt. Erst dadurch wird ein gartenartiger Charakter das ganze Jahr hindurch bewirkt. Eine klassische Balkonbepflanzung, z. B. nur mit Geranien und Petunien, paßt hier weniger, doch können Gefäße mit den typischen Balkonblumen durchaus dazugestellt werden. Sie sorgen den ganzen Sommer hindurch für zusätzliche Blütenfülle. Kleine Balkonkästen oder einzelne Töpfe eignen sich von den Größenverhältnissen her nicht.

Vorbereitung zur Pflanzung

Bevor über Balkonschmuck vor Fenstern, auf Balkonen oder Terrassen nachgedacht wird, sollte man Gegebenheiten einplanen und grundsätzliche Überlegungen anstellen.
Ist die Wohnung oder das Haus Eigentum, wird man unter Umständen großzügiger verfahren als bei Mietwohnungen.
Auch ist zu entscheiden, ob die Investition lang- oder kurzfristig genutzt werden kann. Verschiedene Fragen sind zu bedenken:

- Wieviel Arbeit und Zeit möchte ich investieren?
- Will ich nur eine Bepflanzung für den Sommer, eine Dauerbepflanzung oder vor allem einen Sichtschutz?
- Bin ich immer zur Pflege anwesend?

Einfacher Blumenschmuck kann nämlich auch als Saisonbepflanzung in möglichst einfachen und billigen Kästen ausgeführt werden, eventuell mit dem Hintergedanken, nach der Urlaubszeit die Kästen verschwinden zu lassen.
Habe ich die Aussicht, langfristig in einer Wohnung oder in einem Haus zu bleiben, ist der Kauf von Einzelgefäßen ratsam. Dadurch kann auch auf einer Terrasse eine lebendige Bepflanzung in größeren Gefäßen mit ausdauernden Pflanzen und einer saisonalen Unterpflanzung entstehen.
Als Besitzer einer Wohnung oder eines Hauses sollte man Kästen oder Gefäße möglichst einheitlich kaufen und die Art der Bepflanzung klar festlegen, um eine gewisse Gestaltung zu erreichen.
Wenn man oft im Urlaub oder nicht anwesend ist und trotzdem eine intensive Bepflanzung wünscht, muß das Problem der Wasserversorgung in der Zeit der Abwesenheit gelöst werden. Dies kann dadurch geschehen, daß jemand aus der Nachbarschaft helfend einspringt oder aber die Gefäße entsprechend gestaltet sind. Schließlich ist hier auch eine Gießautomatik möglich. Damit ergeben sich vielfältige Möglichkeiten für jeden Anspruch und Geldbeutel.

Die Pflanzgefäße

Mit der Festlegung des Platzes für ein Gefäß entscheidet man meist auch über Art und Größe. Ist der Standort z. B. ein Fenstersims, sollte der Kasten nicht viel breiter als das Fenster sein und auch nicht viel nach vorne überstehen. Hängen die Kästen unterhalb der Fenster oder an der Balkonbrüstung, so sind größere Breiten durch ein Aneinanderreihen möglich.
Es sollte jedoch immer auf optische Grenzen wie Oberkante Kasten, Unterkante Fenstersims oder Balkon geachtet werden.
Kästen, die unterhalb des Fenstersimses oder vor der Balkonbrüstung aufgehängt sind, müssen verwindungssteif, das Geländer und

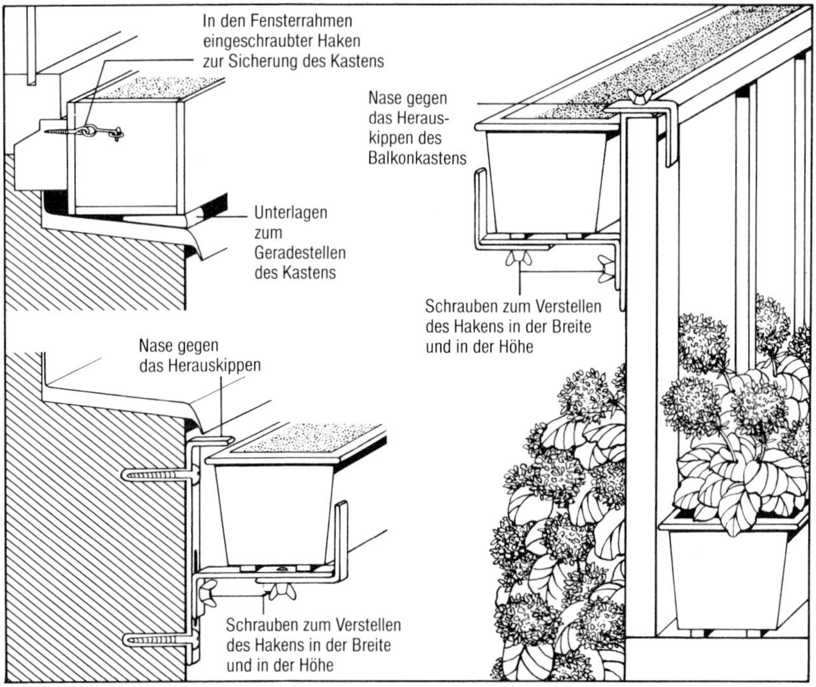

Links oben: Kasten auf dem Fenstersims; links unten: Kasten unter dem Fenstersims; rechts oben: Kasten am Balkongeländer; rechts unten: hinter das Balkongeländer gestellter Kasten.

die Haken ausreichend stabil sein.

Man darf sich beim Gewicht nicht täuschen lassen, auch wenn der Kasten nach dem Bepflanzen noch transportfähig ist, sondern vielmehr muß man an die Gewichtszunahme durch den Pflanzenwuchs, das Gießwasser und eine mögliche Schneeauflage denken.

So sind billige Kästen aus Kunststoff oftmals nicht stabil genug. Durch mehrjährige Sonneneinstrahlung werden sie spröde und brechen. Anders verhält es sich, wenn nur eine Saisonbepflanzung erfolgt und der Kasten nicht während des Winters im durchgefrorenen Zustand außen hängt. Eine größere Stabilität und längere Lebensdauer haben z. B. Kästen aus Eternit.

Aufgestellte Gefäße sollten möglichst groß und ausreichend hoch sein, um Bepflanzungen ausreichenden Wurzelraum zu bieten. Auch besitzen große Gefäße eine bessere Standfestigkeit bei Windböen. Es muß jedoch an das Gewicht des später gefüllten und bepflanzten Gefäßes gedacht werden. Erfolgt ein Eigenbau aus Holz, so können vorhandene Ecken und Nischen als Platz für Sitzgruppen ausgenutzt oder geschaffen werden. Besonders bei Dauerbepflanzungen sollte man darüberhinaus darauf achten, daß der Farbton der Kästen zum Haus paßt.

Geeignete Werkstoffe

Holz

Ein beliebter Werkstoff, der sich leicht an Gegebenheiten anpassen läßt, ist Holz. Durch die Maserung entsteht eine lebendige Verbindung zu den Pflanzen. Da der Baustoff Holz jedoch »lebt«, muß auf eine sachgerechte Verarbeitung geachtet werden. Die Bretter dürfen nicht zu dünn sein, da sich der Kasten sonst verformen kann. Besonders an den Ecken sollten sie sachgerecht verbunden, das heißt, verzahnt, genagelt, verschraubt oder entsprechend verleimt werden. Auch sind Wasserabzugslöcher notwendig. Wenn eine Wasserbevorratung geplant wird, kleidet man mit Folien aus und sieht einen entsprechenden Überlauf vor.

Da Feuchtigkeit das Holz angreift, muß, wenn längere Haltbarkeit angestrebt wird, ein Anstrich erfolgen.

Ölfarben und die meisten Lacke scheiden aus, da sie die Oberfläche luftdicht abschließen und das Holz somit morsch wird. Auch stehen diese Anstriche auf, und nach mehrfacher Erneuerung ergibt sich eine unschöne Oberfläche.

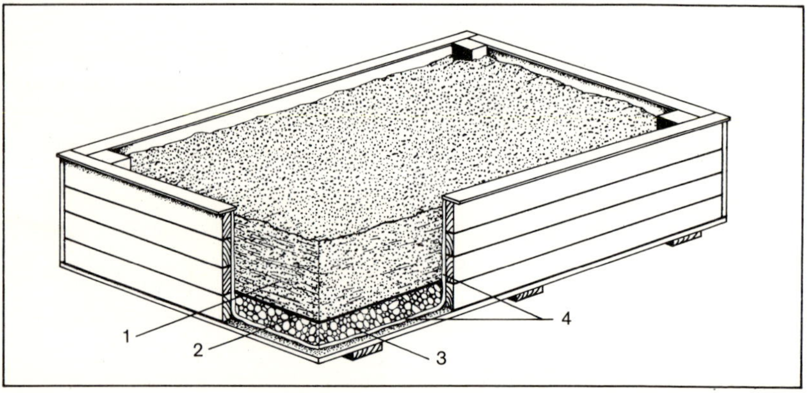

Selbstgebautes Großgefäß aus Holz.
1 Substrat
2 Vlies als Trennschicht zwischen Substrat und
3 Wasservorratsschicht (Kies, Blähton u. a.),
4 Folie zur wasserdichten Auskleidung.

Holzkübel und einfache Kästen aus Riegeln mit entsprechender Saisonbepflanzung verschönern den Eingangsbereich.

Einfache Holzkästen sind vorgegebenen Fensterbreiten bzw. -tiefen leicht anzupassen.

Vorbereitung zur Pflanzung

Vorgefertigte Holzkiste – individuell bepflanzt.

Geeigneter sind im Handel erhältliche Holzschutzmittel wie z. B. Xyladecor 200 oder Sikkens Cetol.

Unbedingt muß jedoch auf Pflanzenverträglichkeit geachtet werden.

Alte Holzkübel mit Pflanzen wirken immer schön.

Wenn auch der direkte Kontakt mit den Pflanzen beim Streichen vermieden werden kann, muß man damit rechnen, daß flüchtige Bestandteile, vor allem bei warmem Wetter, verdampfen. Daher empfiehlt es sich, die Gefäße rechtzeitig, eventuell schon im Herbst, zu behandeln und der Witterung auszusetzen. Durch die Wahl harter Hölzer wie Eiche können besonders haltbare Gefäße hergestellt werden. Hier kann man sich den Anstrich sparen, so daß reizvolle Maserungen erhalten bleiben.

Korbwaren

Zu dem Werkstoff Holz gehören auch Korbwaren. Sie eignen sich für Einzelpflanzen oder Ampeln und wirken optisch meist sehr gut. Diese Gefäße sind jedoch wenig belastbar und müssen von innen mit Folien oder Einsätzen gegen Feuchtigkeit geschützt werden.

Gefäße aus Naturstein

Alte Futter- bzw. Tränketröge aus verschiedenen Gesteinen sind häufig leicht angewittert und von den Tieren abgearbeitet. Diese oft teueren Einzelstücke eignen sich mit einer entsprechenden Bepflanzung (Kleingehölze, niedrig bleibende Stauden und Gräser) ganz besonders für exponierte Aufstellungen z. B. auf Terrassen oder im Eingangsbereich des Hauses. Wegen des hohen Gewichts ist der Transport aber schwierig. Auch ist der

Allein schon Material und Struktur schaffen Atmosphäre.

Wurzelraum der Pflanzen stark eingeschränkt. Trotzdem sollten vor dem Aufstellen Wasserabzugslöcher nicht vergessen werden.

Gemauerte Gefäße

Großgefäße können mit Natursteinen oder Klinkern gemauert werden. So werden z. B. Bereiche zum Sitzen, Sonnen und Grillen auf der Terrasse geschaffen. Das Mauerwerk muß mit einer Plattenabdekkung gegen das Eindringen von Wasser geschützt werden.

1 Abdeckung, 2 Steine, 3 Substrat.

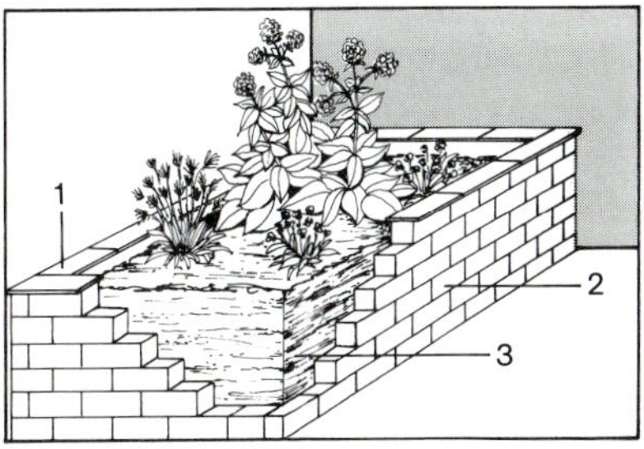

Gefäße aus Beton

Pflanztröge, als in die Brüstung eingelassene **Betonfertigelemente** finden sich oft in modernen Neubauten. Mit ihrem meist relativ großen Volumen eignen sie sich gut für eine größere Bepflanzung. Baubedingt liegt eine größere Wandstärke vor, die Temperaturschwankungen nicht so schnell an das Substrat weitergibt. Überschüssiges Wasser muß unbedingt ablaufen können, ohne jedoch den darunterliegenden Nachbarn zu belästigen. Durch Verschließen der Wasserabzugslöcher am Boden z. B. mit »Silikon« oder »Blitzzement« und dem Bohren neuer Löcher in der Wandung kann einfach eine Wasserbevorratung eingebaut werden. Dies gilt sinngemäß auch für Tröge aus Waschbeton oder ähnlichen Materialien, die auf Terrassen aufgestellt werden. Bodenkontakt ist bei allen Gefäßen von Vorteil, da Temperaturextreme so etwas ausgeglichen werden.

Vielfältige Gefäßformen bei Waschbeton.

U-Steine mit Saisonbepflanzung.

Aus **U- oder L-Steinen**, die überall im einschlägigen Baustoffhandel erhältlich sind, lassen sich einfach und kostengünstig Pflanzgefäße herstellen. Falls höhergestaltige Pflanzen verwendet werden, ist es notwendig, den Sockel der L-Steine innen eventuell mit Beton gegen ein Verrutschen zu sichern. Meist sehen diese aus Fertigelementen hergestellten Großgefäße recht schön aus; demgegenüber sind »selbst betonierte Kästen« abzulehnen, da sie meist durch eine nicht fachmännische Verarbeitung klobig wirken.

Eingebauter Pflanztrog am Neubau.

Ein großes Angebot an Tongefäßen.

Tongefäße

Ton als Werkstoff eignet sich für Töpfe und Kästen in fast jeder Größe. Das gebrannte aber nicht glasierte Material wirkt durch die Aufnahme und Abgabe von Wasser ausgleichend auf die Feuchteverhältnisse im Gefäß.

> Da das Material sehr spröde ist, muß auf einen sicheren Stand dieser Gefäße geachtet werden.

Sie eignen sich weniger zum ganzjährigen Verbleiben im Freien, da sie im Winter auffrieren. Für exotische Kübelpflanzen, die im Haus überwintert werden, kann man sie verwenden. Auch die Verzierungen (Terrakotta) an den Kästen schaffen einen zusätzlichen Reiz.

Asbestzement

Dieses Material eignet sich auf Grund seiner allgemeinen Eigenschaften gut für Gefäße und wird

Eternitkästen in verschiedenen Größen.

meist unter dem Namen »Eternit« vertrieben. Es hat ein relativ hohes Eigengewicht und ist als Kasten wie auch als Schale sehr formstabil und über viele Jahre nicht bruchgefährdet. Neben der grauen Farbe gibt es heute auch andere Grundfarben. Hier blättert nichts ab, und über lange Jahre fallen keine weiteren Kosten an. Diese Kästen besitzen meist einen großen durchwurzelbaren Raum, sodaß weniger häufig gegossen werden muß. Auch ist hier ohne zusätzlichen Aufwand – nur durch waagrechtes Einhängen oder Aufstellen der Kästen – eine Wasserbevorratung möglich, weil die Wasserabzugslöcher erhöht eingearbeitet sind. Diese Vorteile müssen natürlich mit einem höheren Preis erkauft werden.

Kunststoffkästen

Sie sind meist billige Massenartikel. Die Vielfalt der Formen erlaubt eine genaue Anpassung an die verschiedenen Gegebenheiten. Obwohl diese Gefäße meist sehr leicht sind, haben sie, wenn es sich bei den verarbeiteten Granulaten um gute Qualitäten handelt, eine hohe Lebensdauer, Verwitterungsbeständigkeit und eine gewisse Farbechtheit.

Schmale Kästen eignen sich für Balkone und Fenster mit wenig Platz. In Verbindung mit einer Gießautomatik wird das geringe Wurzelvolumen ausgeglichen, während teilweise in den breiteren Kästen ein doppelter Boden für eine Wasserbevorratung sorgt. Bei Kübeln oder Schalen sollten kitschige Formen oder Farben vermieden werden. Da Kunststoff heute auch viele andere Einsatzzwecke hat, kann z. B. der Baumschulcontainer, in dem ein Gehölz gekauft wurde, genauso wie ein neutraler Kübel oder Eimer verwendet werden, wenn die Bepflanzung dieses Gefäß etwas kaschiert.

Zwei Modelle von Kunststoffkästen.

Zusammengestellte Großgefäße schaffen eine Pflanzecke.

Die Gefäßformen

Bei vielen der im vorhergehenden Kapitel angeführten Werkstoffe ist man in der Wahl der möglichen Formen relativ frei. Ein wichtiges Kriterium ist aber der spätere Verwendungsort.

Blumenkästen

Werden Gefäße aneinandergereiht, z. B. auf einem Balkon, sollten es längliche Kästen sein, die möglichst neutral und zweckgebunden sind. Zu lange und zu große Kästen erschweren den Transport, auch sind die Haken nicht unbegrenzt belastbar.

Großgefäße

Auf einer Terrasse wirken die normalen Blumenkästen unproportioniert. Hier können Großgefäße aneinandergestellt werden. Am besten wirkt eine Auflockerung mit rechteckigen, sechseckigen und runden Gefäßen. Der Raum wird abgeteilt oder abgegrenzt, ohne wie eine Mauer zu wirken. Diese Einzelgefäße können natürlich auch auf entsprechend großen Balkonen die Nischen und Ecken ausfüllen. Runde Gefäße sollten nicht zu hoch sein, sonst entsteht der Eindruck einer bepflanzten »Tonne«. Schlanke, hoch wachsende Gehölze verstärken diese Wirkung.

Für exponierte Aufstellungen auf Terrassen oder im Eingangsbereich, haben große runde Schalen ihren Platz. Sie sollen möglichst flach und konisch sein, sodaß sie optisch leichter wirken. Kleine Schalen verwendet man gern als Ampeln.
Große runde Holzgefäße mit einer nicht alltäglichen Bepflanzung stellt man am besten einzeln. Bei runden Gefäßen wirken Gruppen schöner als aneinandergereihte Gefäße.
Verspielte, vasenähnliche Formen sind für eine Bepflanzung weniger geeignet. Ihre Proportionen erschweren die Bepflanzung, auch ist die Standfestigkeit schlecht.
Besser sind topfähnliche Einzelstücke mit Verzierungen, vor allem aus Ton. Mit einer gelungenen Bepflanzung entsteht durch das Zusammenspiel von Topf und Pflanze ein Schmuckstück. Dazu gehört auch die Umgebung wie Möbel und Stil des Hauses.
Kritisch zu bewerten sind Gefäße, die dem Bereich Kitsch nahekommen. Hierzu zählen unter anderem bepflanzte Schubkarren oder aufgeschnittene Autoreifen, alte Badewannen und Waschkessel.

Mit Großgehölzen erstandene Baumschulcontainer lassen sich für den Terrassenbereich mannigfaltig verwenden. Dabei mildern hängende Pflanzen den Eindruck des »Kunststoffkübels«.

Vorbereitung zur Pflanzung

Die Substrate

Bei der Auswahl der Substrate ist entscheidend, wie lange sie im Gefäß bleiben. Falls es sich um Saisonbepflanzungen handelt, können alle im Handel erhältlichen Substrate verwendet werden. Bei Dauerbepflanzungen ist jedoch eine große Strukturstabilität und damit verbunden ein ausreichendes Porenvolumen über lange Jahre hinweg wichtig. Dies erreicht man durch Verwendung wenig zersetzter Torfe, denen zur Auflockerung Styropor, Perlite oder Sand zugemischt wird. Soll die Wasserhaltefähigkeit erhöht werden, sind Zuschlagstoffe wie Hygromull, Steinwolle, aber auch Lehm oder Ton angebracht. Letztere erhöhen gleichzeitig die puffernde Wirkung des Substrates bei Düngemaßnahmen, das heißt, sie wirken ausgleichend. Allerdings steigern sie auch das Substratgewicht. Ist dies aus statischen Gründen nicht zulässig, muß ein sehr hoher Anteil an Perlite oder Styropor beigemischt werden; die Wasserhaltefähigkeit ist dann jedoch geringer.

Vor dem Einfüllen der Substrate muß auf eine ausreichende Feuchtigkeit geachtet werden.

Feucht ist ein stark torfhaltiges Substrat erst dann, wenn beim Pressen mit der Hand Wasser austritt. Das Anfeuchten geschieht nicht im Pflanzgefäß, sondern rechtzeitig vorher. Dazu wird das Substrat ausgebreitet, mehrmals überbraust und gewendet. Das jetzt vorliegende Volumen entspricht noch nicht der später erforderlichen Füllmenge. So kann man nur mit einer Ausbeute von etwa 50 % der aufgedruckten Entnahmemenge rechnen, weil die stark torfhaltigen Substrate angefeuchtet und im Gefäß angedrückt werden müssen.

Fertigsubstrate

Bei der Verwendung von Fertigsubstraten gibt es weniger Probleme. Wir erhalten hier standardisierte, laufend überprüfte Substrate, die frei von Unkrautsamen und Krankheiten sind. Der pH-Wert liegt durch entsprechendes Aufkalken in einem für die Pflanzen optimalen Bereich. Durch Zugabe von Spurenelementen und Düngern wird für die Pflanze eine ausgewogene Ernährung gewährleistet. Die Nährstoffbevorratung kann für die ersten 4 bis 6 Wochen, aber auch für die ganze Kulturzeit erfolgen, was sich in unterschiedlichen Preisen niederschlägt.
Nachfolgend genannte Substrate stellen eine Auswahl dar, sind aber nicht immer überall erhältlich!
TKS 1 und TKS 2 Sie sind reine **T**orf**k**ultur**s**ubstrate, die nicht mehr aufgekalkt werden müssen. Das feinfaserige Material aus Hochmoor-

torfen hat zwar ein sehr geringes Gewicht, muß jedoch immer rechtzeitig und gleichmäßig gegossen werden.
TKS 1 eignet sich für Pflanzen ohne Ballen, da der Düngergehalt mit etwa 1,5 g Salz pro Liter niedrig liegt. Hier ist jedoch nach 3 bis 4 Wochen nachzudüngen.
TKS 2 ist mit etwa 3 g Salz pro Liter mehr für Ballenpflanzen geeignet. Die Nachdüngung beginnt hier im Sommer, das heißt, nach 2 bis 3 Monaten.
Einheitserde Dies ist eine Mischung aus Hochmoortorfen und Ton. Je nach Typ – **P**ikieren, **T**opfen, **D**auergedüngt – ist eine unterschiedlich hohe Düngermenge zugegeben. Entsprechend muß die Nachdüngung beim Typ **P** 2 bis 3 Wochen nach dem Pflanzen beginnen oder kann beim Typ **D** eventuell für eine Saison unterbleiben. Darüberhinaus werden bei nicht sachgerecht ausgeführter Düngung größere Schäden durch das hohe Pufferungsvermögen des Tons abgemildert, der auch die Wasserhaltefähigkeit verbessert. Bleiben diese Substrate bei einer Dauerbepflanzung mehrere Jahre im Gefäß, empfiehlt es sich, der Einheitserde (ED 73) vorher Styromull zuzugeben.
Cultural F Dies ist ein Substrat aus Hochmoortorfen. Es sind sowohl Feinhumus wie Faseranteile vorhanden, sodaß eine hohe Strukturstabilität erreicht wird. Das Substrat enthält pro Liter 2 g Dünger und Spurennährstoffe. Nach 6 bis 8 Wochen muß daher mit der Nachdüngung begonnen werden.

Eigene Substratmischungen

Substratmischungen kann man auch selbst herstellen, dabei ist die richtige Wahl der einzelnen Materialien wichtig.

Oberboden

Wenn der humose Oberboden aus dem Garten mitverwendet wird, werden im allgemeinen die Kosten für das Substrat geringer. Er muß mit Nährstoffen gut versorgt sein. Ein gewisser Steinanteil schadet nicht. Wichtig ist, daß der Boden frei von Unkrautsamen, Wurzelunkräutern und Krankheiten ist. Ist z. B. einmal Quecke in der Dauerbepflanzung, so wird es schwierig oder gar unmöglich, sie wieder herauszubekommen. Vorteile der Gartenerde sind eine gewisse Pufferung bei der Düngung und ein besseres Wasserhaltevermögen.

Torf

Auch Torf kann zugesetzt werden, sogenannter Düngetorf ist vorher aufzukalken, damit sein pH-Wert pflanzenverträglich wird. Wichtig ist weiterhin eine ausreichende Zugabe von Nährstoffen einschließlich der Spurenelemente.

Vorbereitung zur Pflanzung

Kompost
Selbsterzeugter Kompost eignet sich nur optimal aufbereitet und abgelagert. Er besteht aus organischen Abfällen des Hauses und des Gartens. Zwischen die einzelnen Schichten kommt belebter Oberboden oder alter Kompost und zusätzlich Kalkstickstoff, um die Umsetzung zu fördern. Während der Rotte sind die in flachem Haufen aufgesetzten Komposte mehrmals umzuschaufeln und nach 2 bis 3 Jahren zu verwenden. Das Material muß frei von Unkrautsamen sein und eine gute, erdige, krümelige Struktur aufweisen. Regenwürmer mit in das Gefäß gebracht, haben dort wenig Aussicht auf ein Überleben, da die Substrate im Winter durchfrieren. Sie können sich nicht in tiefere Schichten zurückziehen.

Rinde
Bei der Verwendung von Rinde als Torfersatz muß man vorsichtig sein. Selbst aus dem Wald geholte Nadelholzrinde muß entsprechend zerkleinert werden und darf keine größeren Holzanteile aufweisen. Sie muß richtig mit Nährstoffen und Spurenelementen aufgedüngt und ausreichend lang kompostiert sein, was auch Fermentierung genannt wird. In niederschlagsreichen Jahren kann ihre sehr geringe Wasserhaltefähigkeit von Vorteil sein.

Sand
Er eignet sich nur, wenn er nicht zu kalkreich ist und eine Körnung etwa zwischen 1 und 3 mm aufweist. Sand hilft, die Substrate etwas aufzulokkern, bringt aber ein erhöhtes Substratgewicht, das gleichzeitig die Standfestigkeit der Gefäße verbessert. Wir erhalten ihn, entsprechend abgesiebt, im Baustoffhandel oder direkt im Sand- oder Kieswerk.

Die terrassenartige Gestaltung eines Hauses schafft viele Möglichkeiten.

Styropor
Hier handelt es sich um einen Kunststoffschaum, der kein Wasser aufnimmt, nicht verrottet und damit, wie der Sand, einen auflockernden Effekt bringt, ohne jedoch das Gewicht zu erhöhen. Normalerweise erhält man Styropor im Handel. Bei geringem Bedarf kann auch fein aufbereitetes Verpackungsmaterial genutzt werden.

Hygromull
Dieser Kunststoff speichert und leitet Wasser. Es wird normalerweise in Blöcken oder grob zerrissen geliefert. Nach 3 bis 4 Jahren kann sich das Material setzen, unter Umständen verschlechtert sich auch der Wasser- und Lufthaushalt. Sackware ist im Handel erhältlich, Restmengen können gut im Garten mitverwendet werden.

Perlite
Bei diesem Material handelt es sich um einen unter Erhitzen aufgeblähten Glimmer. Es ist im Baustoffhandel erhältlich. Mit seiner neutralen Reaktion, dem sehr geringen Gewicht und dem guten auflockernden Effekt eignet es sich besonders für größere Kästen. Das Material kann kein Wasser speichern, ist aber über Jahre hinweg strukturstabil.

Eigene Substratmischungen sind in der Regel kostengünstiger als Fertigsubstrate. Bei ihrer Herstellung sollte man jedoch immer beachten, daß sie die gleichen Qualitätsansprüche erfüllen wie geeignete Fertigsubstrate oder sogar besser sind. Es kann auch durchaus empfohlen werden, Fertigsubstrate mit den genannten Materialien zu strekken.

Die Vorratsdüngung

Die richtige und rechtzeitige Düngung ist für alle Pflanzen überaus wichtig. Vor allem bei der Saisonbepflanzung wird häufig zu wenig gedüngt. Die Pflanzen »leben« zwar, wachsen aber nur wenig und sind deswegen vielleicht nicht so üppig und blühfreudig wie beim Nachbarn. In den Gefäßen mit eher ans Minimum grenzendem Volumen und überwiegend torfhaltigem Substrat wirken sich Fehler oder ein zeitweiliger Mangel viel schneller und stärker aus, als wir es vom Garten her kennen. Deshalb ist es notwendig, über die Düngung etwas mehr zu wissen.
Die wichtigsten Pflanzennährstoffe sind Stickstoff, Phosphor und Kali. Der pH-Wert, beeinflußbar durch Kalkgaben, muß vor allem in den Torfsubstraten beachtet werden. Wenn keine Gartenerde, Ton oder Lehm zugemischt wurden, müssen Spurenelemente wie Magnesium, Eisen, Molybdän, Mangan, Bor und Kupfer in geringen Mengen verabreicht werden.
Mangel, aber auch Überschuß von Nährstoffen führt zu Symptomen, die kurz beschrieben werden sollen.

Stickstoffüberdüngung
Sie führt zu einem mastigen Wachstum mit vielen Blättern und wenig Blüten.

Stickstoffmangel
Hier läßt das Wachstum allgemein nach oder stagniert ganz. Er führt vor allem bei Gehölzen zu einem verfrühten Triebabschluß. Das Laub ist meist gelblichgrün; die Blätter können früher als normal abfallen.

Phosphormangel
Hier zeigt sich eine ins rötliche gehende Verfärbung der Laubunterseite. Das Wachstum von Gehölzen wird sparrig, die Triebe schwach. Der Blütenansatz ist verringert und die Ausfärbung schlecht.

Rhododendron. Links: ungedüngt; Mitte: ohne Magnesium; rechts: Standarddüngung.

Phosphorüberdüngung

Sie tritt selten auf, da Phosphor im Substrat festgelegt wird. Die Aufnahme von Spurenelementen kann aber bei zu hoher Phosphorversorgung gehemmt sein. Eine ausreichende Versorgung fördert die Blütenbildung, einen guten Samenansatz und die Ausreife des Holzes.

Kalimangel

Er führt zu einer mattgrünen Laubfärbung, die Blätter rollen ein und welken vorzeitig. Sie können, von der Basis her beginnend, abfallen; es kommt zu Spitzendürre. Schlecht mit Kali versorgte Pflanzen sind anfälliger für Pilzkrankheiten und ihre Frostresistenz ist herabgesetzt.

Kaliüberschuß

Er erzeugt oft indirekten Magnesium-, aber auch Calziummangel. Bei richtiger Versorgung wird das Gewebe gefestigt, die Blühwilligkeit erhöht und die Ausreife des Holzes gefördert.

Calziummangel

Er ist eher als Kalkmangel bekannt und führt zu einem Absterben der Wurzelspitzen und damit zu einem schlechten Wachstum. Mangel tritt eigentlich nur in Torfsubstraten auf. Sie müssen deshalb entsprechend aufgekalkt werden, das heißt, der pH-Wert ist in einen für die Pflanzen günstigen Bereich zu bringen.

Calziumüberschuß

Dies führt in extremen Fällen zur Festlegung von Spurenelementen. Sichtbar wird der Eisenmangel meist in Form der sogenannten Chlorose, bei der die Blattflächen zwischen den grün bleibenden

Adern zunächst gelb, später aber ganz gelblichweiß erscheinen. Ein Spritzen oder Gießen mit eisenhaltigen Präparaten kann Abhilfe schaffen.

Magnesiummangel
Er zeigt sich bevorzugt in Torfsubstraten und führt an älteren Blättern zu Chlorosen.

Magnesiumüberschuß
Dies ergibt zwangsläufig Kalimangel, da die beiden Nährstoffe sogenannte Antagonisten sind. Mangel an anderen Spurenelementen tritt selten auf.

Die Dauerdüngung

Im Handel gibt es eine Vielzahl von Düngemitteln. Die üblichen Volldünger enthalten Stickstoff, Phosphor und Kali, meist auch alle oder einen Teil der Spurenelemente. Sie werden ab Seite 85 bei der Nachdüngung behandelt. Um nicht zu oft nachdüngen zu müssen, können sogenannte Dauerdünger dem Substrat beigegeben werden. Sie sind entweder wegen der besonderen Düngerform, ihrem langsamen Zersetzungsgrad, was besonders für organische Dünger gilt, oder durch verschiedene Hüllstoffe länger wirksam. Die Wirkungsdauer kann in einigen Fällen für eine ganze Saison ausreichen. Egal, ob mineralische oder organisch-mineralische Dünger eingesetzt werden, das sollte man nicht zur Glaubensfrage machen. Wichtiger sind der Verwendungszweck und der Preis. Die hier beschriebenen Dünger stellen nur eine Auswahl dar. Die erforderlichen Düngergaben sind den Gebrauchsanweisungen zu entnehmen.
Osmocote ist ein Mineraldünger, bei dem die einzelnen Düngerkörner mit einem Kunstharz umhüllt sind. Dadurch werden die Nährstoffe nur langsam verfügbar. Da in den ersten 4 bis 6 Wochen keine oder nur eine sehr geringe Nährstoffabgabe erfolgt, sollten so aufgedüngten Substraten geringe Mengen sofort verfügbarer Dünger zusätzlich beigegeben werden. Außerdem sind bei Torfsubstraten unbedingt Spurenelemente zuzugeben. Der Dünger muß in das Substrat eingemischt werden, da er nur bei ausreichender Feuchtigkeit frei wird. Zusätzlich zur Feuchtigkeit ist eine entsprechend hohe Temperatureinwirkung erforderlich. Normalerweise werden zum Ende der Wirkungsdauer nur noch sehr geringe Nährstoffmengen freigesetzt, sodaß auch eine Dauerbepflanzung dann entsprechend ausreifen kann. Die Hülle ist jetzt leer oder nur mit einer wässrigen Lösung gefüllt.
Nutricote wirkt ähnlich wie Osmocote, je nach Zusammensetzung der Ummantelung für Düngungszeiträume von 80 bis zu 270 Tagen.
Plantosan 4 D gibt es als feines

oder grobes Granulat. Daraus leitet sich die unterschiedliche Wirkungsdauer von bis zu 6 Wochen bzw. bis zu 3 Monaten ab. Es löst sich entsprechend langsamer auf. Spurenelemente sind hier ausreichend enthalten; die Nährstoffe stehen teilweise schon kurz nach der Ausbringung zur Verfügung. Es braucht nur aufgestreut zu werden, das Gießwasser löst den Dünger. Plantosan muß im Laufe einer Kulturperiode, auch bei dem länger wirkenden Typ, mindestens zweimal gegeben werden, um eine ausreichende Versorgung zu gewährleisten. Die kurzfristig wirkende Form empfiehlt sich auch für ein gezieltes Nachdüngen. Von einer zu frühen Beimischung mit Plantosan 4 D zu den Substraten ist abzuraten, da Feuchtigkeit und entsprechend hohe Temperaturen die Nährstoffe freisetzen, ohne daß sie verbraucht werden. Eine zu hohe Salzkonzentration kann dann den Pflanzen beim Einsetzen schaden.

Triabon ist ein »kompaktierter« Vorratsdünger mit allen wichtigen Spurennährstoffen. Der Vorratsdünger zeigt eine gute Anfangs- und Langzeitwirkung und ist deshalb erst kurz vor der Pflanzung zu verabreichen. Auf Grund der mittellangen Wirkungsdauer muß eventuell mit einer einmaligen Nachdüngung gerechnet werden, wobei der Dünger nicht unbedingt eingemischt zu werden braucht.

Nitrophoska permanent ist ein sehr fest gekörnter Volldünger mit den wichtigsten Spurennährstoffen. Durch seine Zustandsform und einem länger wirkenden Stickstoffanteil ist eine gewisse Langzeitwirkung gegeben. Der Dünger wird aufgestreut und dann vom Gießwasser gelöst. Auch hier muß im Laufe der Kulturperiode mindestens einmal nachgedüngt werden. Das eventuelle Zumischen zum Substrat darf ebenfalls nicht zu früh erfolgen.

Hornoska Spezial ist ein aus organischen und mineralischen Nährstoffen und Spurenelementen zusammengesetzter Dünger. Da der Stickstoff zur Hälfte in organisch gebundener Form vorliegt, wirkt am Anfang nur der leicht lösliche mineralische Stickstoff. Erst später wird durch luftliebende Bodenorganismen bei entsprechender Feuchte und Temperatur der organisch gebundene Stickstoff für die Pflanze verfügbar. Je aktiver das Bodenleben ist, desto schneller erfolgt der Abbau. Eine Nachdüngung ist auch hier von Vorteil. Der Dünger sollte flach eingearbeitet werden.

Cornufera ist ein organisch-mineralischer Volldünger mit Magnesium aber ohne andere Spurennährstoffe. Die Ausbringung, der Abbau und die Anwendung erfolgen wie bei Hornoska Spezial. Durch den im Verhältnis zu den anderen Nährstoffen hohen Stickstoffgehalt empfiehlt sich der Dünger für einen gezielten Einsatz zu Beginn der Wachstumsperiode.

Die Bepflanzung

Die Freude an Pflanzen, zwar schon in der Wohnung erlebt, kann auf Pflanzen unter »natürlichen« Bedingungen vor dem Fenster oder auf dem Balkon ausgedehnt werden. Nur wenige werden sich für Planung und Ausführung einen Gärtner leisten. Die Freude und der Stolz an der eigenen Gestaltung sind hier entscheidend.

Sichtschutz
Der Wunsch nach Sichtschutz ist oft der Grund für eine Bepflanzung. Die Abschirmung des eigenen Balkonbereiches mit Pflanzen stellt sicherlich eine freundlichere Wahrung der Privatsphäre dar, als z. B. »dürre« Elemente aus Holz, Eternit, undurchsichtigem Glas- oder Kunststoffmaterial. Es muß auch nicht immer eine dichte Hecke aus Thujen oder anderen Koniferen sein, schöner ist die Auflockerung mit Laubgehölzen und Stauden. Mit ein- oder mehrjährigen Schling- und Kletterpflanzen kann ebenfalls ein guter Sichtschutz, auch für den kleinen Balkon, erreicht werden.

Windschutz
Wird Windschutz gewünscht, haben die Pflanzen andere Anforderungen zu erfüllen. Sie müssen dicht und wenig anfällig gegen Windschäden sein. Durch Pergolen oder mit geringerem Aufwand hergestellte Spaliergerüste aus Holzlatten wird die Standfestigkeit erhöht. Die als Sicht- oder Windschutz erstellten Pflanzungen können, wenn sie genügend hoch sind, gleichzeitig Schattenspender sein.

Sonnenschutz
Als Sonnenschutz sind auch ausladende Laubgehölze mit lockerem Aufbau geeignet. Ausreichender Platz ist hier Voraussetzung. Wegen der sonnenexponierten Lage werden Pflanzen bevorzugt, die auch einige Tage mit wenig Wasser auskommen. Für Gehölze, die eine Höhe von 2 bis 3 m erreichen, sind genügend große Pflanzkübel notwendig.

Die Kosten
Steht man am Beginn der »Balkongärtnerei« so wird neben der gestalterischen Idee die Kostenfrage auftauchen. Es sind die momentanen Kosten und die Ausgaben auf längere Zeit zu bedenken. Die grundsätzliche Entscheidung heißt Saison- oder Dauerpflanzung. Für eine sehr preiswerte Saisonbepflanzung eignen sich kleine oder sogar selbstgezogene Pflanzen. Das bedeutet jedoch gleichzeitig einen erhöhten Pflegeaufwand mit entsprechenden Kenntnissen und einen zeitlich späteren Flor. Umgekehrt ist vielleicht die Freude am eigenen

Ein dem Mauervorsprung angepaßtes Gefäß mit einer geschickten Bepflanzung kann Sichtschutz auch zum Nachbarn ergeben.

IHS

»züchterischen« Erfolg größer. Auf viele Jahre berechnet, wird eine jährliche Neupflanzung sicher teurer sein als eine Dauerpflanzung. Zusätzliche Kosten entstehen aber durch den Ersatz von Pflanzen und das Nachfüllen von Substrat. Die Kosten der Dauerpflanzung orientieren sich hauptsächlich an der Pflanzdichte, der Pflanzenart und -größe. Man kann durchaus mit einer weiten Pflanzung von kleinen Gehölzen und Stauden beginnen. Möglicherweise sieht die Bepflanzung dadurch in den ersten Jahren etwas lückig aus. Schnell wachsende Stauden können jedoch selbst geteilt werden und füllen in wenigen Jahren den Platz.

Die Wahl des Standortes

Normalerweise wirkt eine Balkonbepflanzung nach außen als Schmuck des Hauses. In modernen Wohnblöcken wird die Bepflanzung jedoch mehr nach innen orientiert. Man versucht, sich eine eigene grüne Umgebung zu schaffen. Entscheidend für die Schönheit ist die Ausgewogenheit in den Proportionen, vor allem bei einer Dauerbepflanzung. Pflanzen verschiedener Größe, Formen und Wuchscharakters sollen sich zu einem harmonischen Gesamtbild ergänzen. Gestalterische Elemente bieten sich in Fülle: kletternde oder rankende, säulenartige, hängende, schirmartige, lockere und aufgelöste Wuchsformen und schließlich auch noch die wichtigen Bodendecker. Solitärformen von Gehölzen in Gefäßen oder Kübelpflanzen können besonders reizvoll wirken.

Bepflanzte Balkone heben sich wohltuend von der Umgebung ab.

Die Pflanzenwahl hängt besonders vom Standort, also der Besonnung, dem Wind und dem Regen ab. Für regenempfindliche Blütenpflanzen wird z. B. eine geschützte Lage gewählt. Die Art der Pflanzen richtet sich in erster Linie nach den Lichtverhältnissen. Neben den klassischen, sonnenhungrigen Balkonblumen, Stauden und Gehölzen gibt es einige Arten, die auch an weniger sonnigen Standorten mit geringeren Witterungsextremen gut gedeihen. Das liegt meist an den günstigeren Feuchteverhältnissen, besonders, wenn nicht immer rechtzeitig gegossen werden kann. Schwieriger wird die Pflanzenwahl an sehr schattigen Plätzen. Mit einer bewußt nach Standort ausgerichteten Pflanzung lassen sich hier oft weniger auffällige, aber sicher idyllisch wirkende Pflanzenzusammenstellungen verwirklichen. Die Pflanzenauswahl richtet sich aber auch danach, wie stark ein Balkon dem Wind ausgesetzt ist: niedrige, kompakte und weniger dicht belaubte Pflanzen behaupten sich gegen Stürme besser. Hohe Pflanzen sind mehr gefährdet; sie müssen, wie schon gesagt, gestützt werden.

Dauerbepflanzung

Dauerbepflanzung ohne wechselnde Unterbepflanzung

Die Planung muß hier gründlich überdacht sein, sie erfordert Pflanzenkenntnisse und die Berücksichtigung der Platzverhältnisse. Schließlich sollen sich die am Anfang erheblichen finanziellen Investitionen über Jahre hinweg auszahlen.

Bei richtiger Pflanzenwahl kann die Dauerbepflanzung viele Jahre gedeihen. Sie ist weniger arbeitsaufwendig und wirkt mit den »Immergrünen« das ganze Jahr über attraktiv. Auffällige Blühhöhepunkte wie bei einer Saisonbepflanzung mit Pelargonien oder Sommerblumen gibt es hier kaum. Trotzdem kann diese Bepflanzung dem »schauenden« Balkongärtner ganzjährig Freude bereiten.

Eingebaute Pflanztröge bieten für Dauerbepflanzungen mit großen Gehölzen ausreichend Platz.

Ecken auf Terrassen lassen sich mit Großgefäßen interessant gestalten.

Bepflanzung von Großgefäßen

Mobile Gärten mit größeren Pflanzgefäßen jeder Art lassen sich auch auf kleinen Flächen einrichten. Die geeignete Verwendung der Pflanzen nach Größe und Wuchscharakter richtet sich in erster Linie nach dem Volumen der Gefäße.

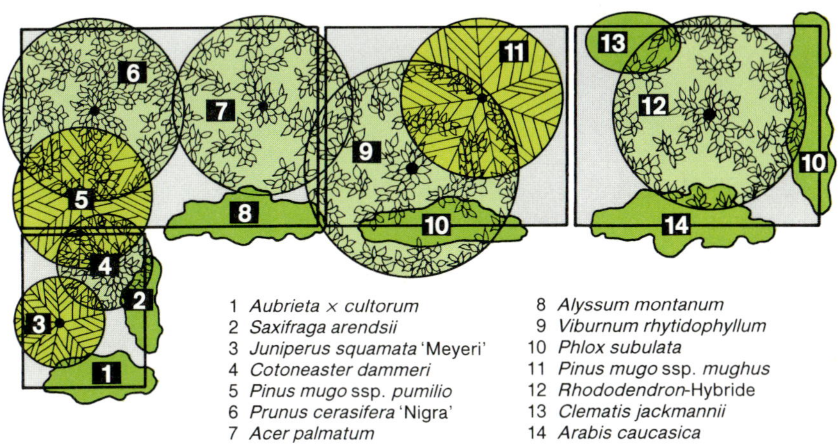

1 *Aubrieta × cultorum*
2 *Saxifraga arendsii*
3 *Juniperus squamata* 'Meyeri'
4 *Cotoneaster dammeri*
5 *Pinus mugo* ssp. *pumilio*
6 *Prunus cerasifera* 'Nigra'
7 *Acer palmatum*
8 *Alyssum montanum*
9 *Viburnum rhytidophyllum*
10 *Phlox subulata*
11 *Pinus mugo* ssp. *mughus*
12 *Rhododendron*-Hybride
13 *Clematis jackmannii*
14 *Arabis caucasica*

Stauden und Gehölze zeigen Höhepunkte zu verschiedenen Jahreszeiten.

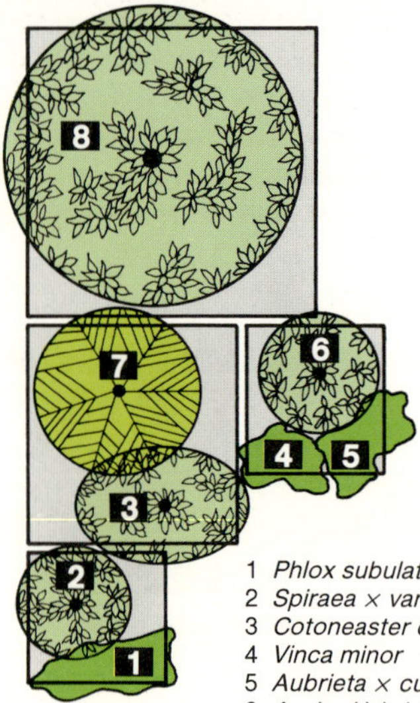

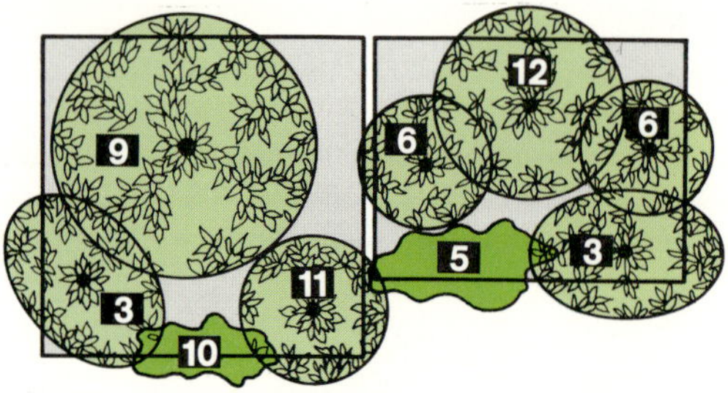

1 *Phlox subulata*
2 *Spiraea × vanhouttei*
3 *Cotoneaster dammeri*
4 *Vinca minor*
5 *Aubrieta × cultorum*
6 *Azalea*-Hybride
7 *Pinus mugo*
8 *Acer ginnala*
9 *Euonymus alatus*
10 *Saxifraga trifurcata*
11 *Potentilla fruticosa*
12 *Amelanchier canadensis*

Für Tröge aus Stein, aus vorgefertigten künstlichen Materialien oder einfachen Holzkisten mit einer Mindestgrundfläche von etwa 0,5 m² und einer Höhe von etwa 40 cm können Gehölze bis etwa 2 m Höhe verwendet werden.

Gefäße verschiedener Größe können zueinandergestellt auf größeren Flächen einen gartenartigen Charakter im Kleinen schaffen. Als Ge-

gengewicht zu Pflanzgruppen wirken einzeln aufgestellte Pflanzengefäße reizvoll. Hierzu eignen sich besonders Pflanzen mit Solitärcharakter. Durch eine Zusammenstellung von aufrecht wachsenden Pflanzen, niedrigen Gehölzen, buschigen oder lockeren Aufbaus und hängenden Formen läßt sich im größeren Gefäß ein Miniaturgarten gestalten. Mit dem Grundgerüst aus überwiegend immergrünen Laub- und Nadelgehölzen wird ein Rahmen geschaffen, dessen Proportionen sich auch später erhalten. Dabei sollten nur langsam wachsende Gehölzarten verwendet werden. Als **Nadelgehölze** mit mehr aufrechtem, nicht zu breitem Wuchs eignen sich z. B. Säuleneiben, Scheinzypressen, Wacholder, niedrigbleibende Fichten und Thujen. Geeignete **immergrüne Laubgehölze** mit schmalerem Wuchs wären beispielsweise Feuerdorn, Berberitzen, Buchs, Bambus und Stechpalme. **Laubabwerfende,** höhere Gehölze, die auch durch ihren Wuchs im Winter attraktiv aussehen, sind z. B. Formen von Fächerahorn, Pfaffenhut und Korkenzieherhasel. Verschie-

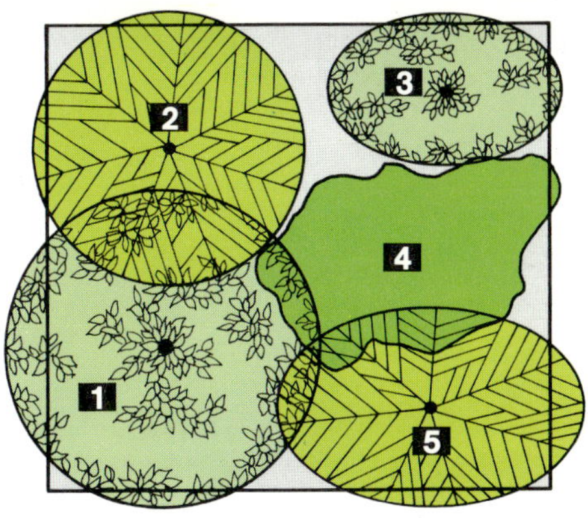

Oben: Auch Kamine können durch Pflanzen belebt werden.

Rechts:
1 *Acer palmatum aconitifolium*
2 *Pinus mugo*
3 *Rosa hugonis*
4 *Armeria maritima*
5 *Juniperus communis* 'Repanda'

Dauerbepflanzung

dene breiter wachsende Laubgehölze mit Höhen bis 3 m sind die Kanadische Felsenbirne, niedrig bleibende Weiden, locker wachsende *Cotoneaster,* Schneeball-Arten, Forsythien, Flieder und Kirschen. Zusammengepflanzt eignen sie sich nur für sehr große Gefäße oder als Einzelpflanzen.

Für die »Etagenhöhe« von etwa 0,5 m bis 1 m bietet sich eine Vielzahl von Koniferen wie niedrige Wacholder, zwergige Fichten, Kiefern und Thujen an. Bei der großen Auswahl niedriger Laubgehölze sind die frühblühende japanische Scheinquitte und Fünffingerstrauch, Arten mit langer Blütezeit, hervorzuheben.

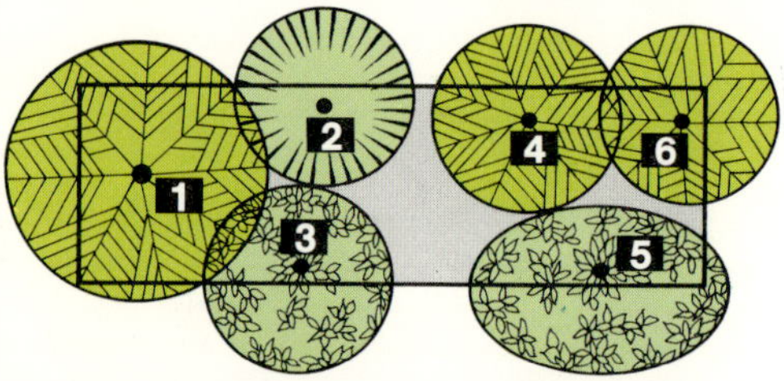

1 *Picea abies* 'Echiniformis'
2 *Festuca glauca*
3 *Ptilotrichum spinosum*
4 *Chamaecyparis obtusa* 'Nana Gracilis'
5 *Potentilla fruticosa* 'Red Ace'
6 *Juniperus chinensis* 'Plumosa Aurea'

Steintrog mit bunter Dauerbepflanzung.

Dauerbepflanzung

Verschiedene *Cotoneaster* wirken durch ihren Fruchtschmuck und besondere Wuchsformen. Hierzu gehören ebenfalls Zwergformen der Berberitze, Weiden, niedrige Spiraeen und Ginster. In einer nicht zu engen Bepflanzung mit Koniferen wirken niedrigbleibende Rosen besonders schön. Eine Dauerbepflanzung kommt kaum ohne **kriechende und hängende Formen** von Wacholder, *Cotoneaster,* Efeu und Immergrün aus. In ihrer anschmiegenden Wuchsform geben sie starren Gefäßen eine harmonische Abrundung. Andere interessante Pflanzen für diesen Zweck sind *Erica-* und *Calluna* -Arten. Für alle Heidekrautge-

1 *Juniperus horizontalis* 'Glauca'
2 *Picea pungens* 'Glauca Globosa'
3 *Campanula portenschlagiana*
4 *Picea glauca* 'Conica'
5 *Cotoneaster dammeri* 'Streibs Findling'

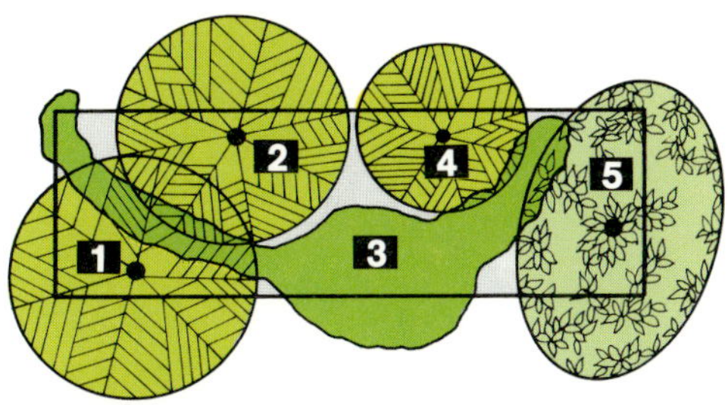

Steintrog mit überwiegend Zwergkoniferen.

wächse sind aber sauere Substrate erforderlich.
Dauerbepflanzungen aus Nadel- und Laubgehölzen können durch **Stauden** als füllendes und belebendes Element reizvoll ergänzt werden. Allerdings werden auch im größeren Gefäß keine ausgesprochen kleinen oder hohen Stauden über 50 cm verwendet. Stark wuchernde Stauden eignen sich bei den meist beschränkten Pflanzverhältnissen ebenfalls weniger. Besonders bei Stauden ist auf einen ausreichenden Standraum zu achten. Mittelhohe Stauden sollten einen Mindestabstand von etwa 40 cm haben, auch wenn sie beim Pflanzen winzig erscheinen.

Die Stauden werden so gewählt, daß sie nach Höhe, Ausdehnung, Blütezeit und Farbe zusammenpassen.

Sie sollten auch zur Wirkung kommen, wenn sie in Erscheinungsform und Blüte weniger auffallend sind. Lockere Pflanzungen, die den Charakter der einzelnen Stauden zur Geltung kommen lassen, wirken schöner. Wer trotz beschränkter Platzverhältnisse auf einem kleineren Balkon eine größere Vielfalt von Stauden erleben will, muß häufiger Pflanzen auswechseln oder durch Teilung und Schnitt korrigierend eingreifen. Noch mehr als bei Gehölzen kommt es bei Stauden auf den geeigneten Standort an.

Bepflanzung von Brüstungsgefäßen

Die Bepflanzung von Brüstungsgefäßen erfordert andere Überlegungen, als dies bei großen Gefäßen auf dem Boden der Fall ist.

Zu beachtende Faktoren sind die Brüstungshöhe, das Volumen der Gefäße und die Perspektive.

Eingehängte Tröge, die als vorgefertigte Bauelemente bereits vorhanden sind, lassen einen größeren Spielraum in der Gestaltung zu. Größere, auf die Brüstung gestellte Kästen haben aus Gründen der Proportion eine geringe Höhe und Breite.

Schwachwachsende Koniferen, zwergige Laubgehölze und niedrige Stauden mit eher flächendekkendem Wuchs prägen hier den Charakter.

Ausdauernde Zwiebelgewächse kommen gut zur Geltung. Gehölze bis zu 1 m Wuchshöhe werden als gestaltende Elemente in weitem Abstand und in kleinen Gruppen eingestreut. Insbesondere mit hängenden Formen wird ein »naturhafter« Wuchs und eine Belebung der Gefäße erreicht, die harten Konturen gemildert. Bei geeigneten Lichtverhältnissen wird eine Pflanzung auch nach innen möglich sein. Dies ist

Balkonbrüstungen, wie sie kaum dichter gefüllt werden können.

besonders dann notwendig, wenn »kalte« Baumaterialien verdeckt werden sollen. Als Abgrenzung und zur Begrünung der Seitenwände können bei ausreichendem Gefäßvolumen höhere Laub- und Nadelgehölze oder Kletterpflanzen einen »Garteneffekt« auch auf kleineren Balkonen bewirken.
Bei den schwachwachsenden **Koniferen** für Brüstungsgefäße ist vor allem an zwergige Kiefern und Fichten, Wacholder, Scheinzypressen, Eiben, *Tsuga* und Lebensbäume zu denken. Aus dem Sortiment der **Laubgehölze** sind Heidekrautgewächse, Scheinquitten, Ginster, Lavendel, Fünffingerstrauch, kleinbleibende Rosen und Zwergweiden hervorzuheben. Auf kriechende Wacholder und *Cotoneaster* kann man kaum verzichten. Sie gedeihen auch unter weniger lichtbegünstigten Verhältnissen. Mit diesen Gehölzen und einigen kleinen bis mittelhohen **Stauden** läßt sich eine abwechslungsreiche Pflanzung schaffen. Als wichtiges flächendeckendes und füllendes Element kommen polsterförmige oder kriechende Stauden hinzu.
Kleinbleibende, ausdauernde **Zwiebel- und Knollengewächse** wie Winterlinge, Schneeglöckchen und Krokusse sorgen für das erste Blüherlebnis im Vorfrühling. Auch niedrige frühe Wildtulpen und einige Narzissenarten setzen in einer Dauerpflanzung im Frühjahr besondere Akzente. Die Blühdauer der Zwiebelgewächse ist meist relativ kurz, in geschickter Kombination kann

aber z. B. mit *Scilla* und *Muscari* ein längerdauernder Frühlingsflor geschaffen werden. Die Zwiebeln und Knollen werden Anfang bis Mitte Oktober in kleinen Gruppen, niemals einzeln, in entsprechender Pflanztiefe ausgelegt, damit sie vor dem Winter noch einwurzeln. Im nicht zu kleinen Pflanzgefäß können die meisten Zwiebelgewächse jahrelang ausdauern und sich vermehren. Das vergilbende Laub stört kaum, darf allerdings erst nach dem

1 *Juniperus chinensis* 'Pfitzeriana Old Gold'
2 *Juniperus squamata* 'Blue Star'
3 *Juniperus chinensis* 'Blaauw's Varietät'
4 *Euonymus fortunei* 'Emerald Gaiety'
5 *Juniperus horizontalis* 'Glauca'
6 *Juniperus communis* 'Sentinel'
7 *Picca abies* 'Nidiformis'
8 *Microbiota decussata*
9 *Picea glauca* 'Laurin'
10 *Euonymus fortunei* 'Emerald Gold'
11 *Juniperus squamata* 'Meyeri'
12 *Thuja occidentalis* 'Mecki'
13 *Juniperus sabina* 'Tamariscifolia'
14 *Pinus montana pumilio*
15 *Potentilla fruticosa* 'Arbuscula'
16 *Picea abies* 'Cupressina'
17 *Juniperus horizontalis* 'Douglasii'
18 *Pinus parviflora glauca*

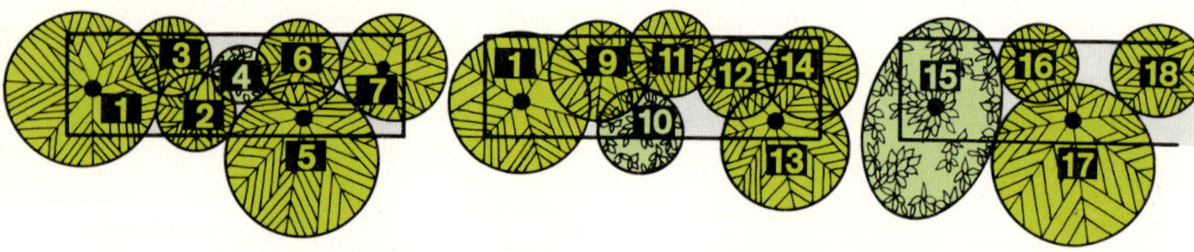

Nur schwachwachsende Gehölze sollten in Balkonkästen verwendet werden.

völligen Abtrocknen entfernt werden.

Bepflanzung von kleinen Kästen
Im kleinen Kasten wirken sich alle Standortextreme wie Sonne, Wind, Trockenheit und Frost besonders intensiv aus. Der übliche kleine Plastikkasten ist hier deshalb wenig geeignet. Materialien wie Eternit und Ton werden wegen des meist größeren Volumens bevorzugt.

Die Innenmaße des Kastens sollten nicht weniger als 18 bis 20 cm in der Breite und 15 cm in der Tiefe betragen. Am geringen Volumen muß sich auch die Pflanzenwahl orientieren.

Kleine Gehölze und Stauden, wie wir sie im Steingarten finden, also Pflanzen mit geringem Anspruch an Feuchte und Nährstoffe, können eine reizvolle Situation ergeben. Das begrenzte Wurzelvolumen schränkt die Auswahl unter den **Zwergkoniferen** ein, möglich sind Formen von Wacholder, Fichten und Kiefern. Unter den sehr kleinen **Laubgehölzen** empfehlen sich wiederum kleine oder kriechende *Cotoneaster,* Berberitzen und Fünffingerstrauch. Schöne Formen und Farben des Laubes, Früchte und nicht zuletzt Blüten ergeben mannigfache Gestaltungsformen. Lavendel steht mit seinem meist silbergrauen, immergrünen Laub in Kontrast zu den übrigen Pflanzen

In geschützten Ecken erscheinen zeitig die ersten Frühjahrsblüher.

und ist dazu noch trockenheitsresistent.
Eine besondere Farb- und Formwirkung läßt sich durch kleinbleibende **Gräser,** wie z. B. Blaustrahlhafer, Blauschwingel und Zittergras, schaffen.
Von den niedrigen **Stauden** eignen sich viele Arten. Durch Blüte und Laub ist das ganze Jahr eine abwechslungsreiche Gesamtwirkung auch im kleinen Kasten möglich.
Um nicht nur extrem trockenheitsverträgliche Pflanzen verwenden zu müssen, kann ein Kasten mit doppeltem Boden oder einer Gießautomatik helfen, besonders dem, der längere Zeit nicht zum Gießen kommt.

Dauerbepflanzung mit wechselnder Unterpflanzung

Wer zu jeder Jahreszeit blühende Pflanzen auf seinem Balkon erwartet, wird die Dauerbepflanzung mit einer saisonalen Unterpflanzung bereichern. Nicht etwa, weil eine Dauerbepflanzung langweilig wäre, aber einige Sommerblumen mit ihrem ausdauernden Blütenflor erfüllen unsere Vorstellung einer abwechslungsreichen Bepflanzung am ehesten. Dazu reichen meist schon einige Einjahresblumen aus.

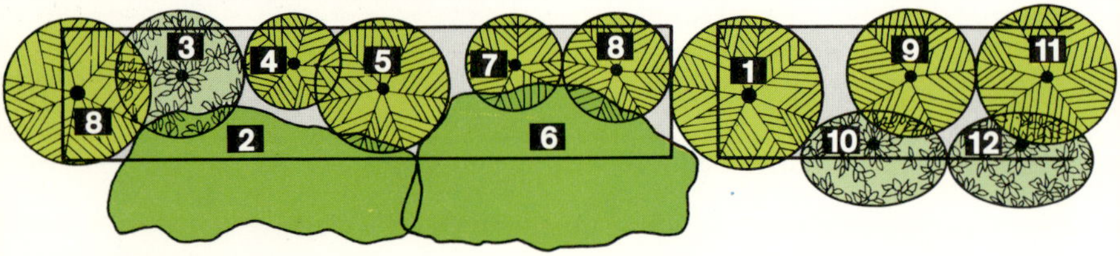

1 *Microbiota decussata*
2 *Gypsophylla*
3 *Spiraea japonica* 'Little Princess'
4 *Juniperus communis*
5 *Pinus mugo* ssp. *mughus*
6 *Antirrhium majus*
7 *Chamaecyparis pisifera* 'Boulevard'
8 *Picea glauca* 'Echiniformis'
9 *Thuja occidentalis* 'Recurva Nana'
10 *Daphne cneorum*
11 *Juniperus squamata* 'Blue Star'
12 *Potentilla crautzii*

Fröhlicher Eindruck durch Sommerblüher in der Dauerbepflanzung.

Einfachblühende Pelargonien passen auch zur Dauerbepflanzung.

Die meisten Sommerblumen gehören nicht zwischen niedrige Stauden und Kleingehölze, da diese zu schnell wachsen und ihre Nachbarschaft unterdrücken. Um solche unliebsamen Konkurrenzen von vornherein zu vermeiden, wird man den für die Sommerbepflanzung vorgesehenen Pflanzraum bei der Anlage der Dauerbepflanzung bewußt einplanen. In die freigelassenen Zonen kann nun der Sommerflor hinzugefügt werden. Bei der Verwendung von kleineren Stauden und Gehölzen für die Dauerbepflanzung entstehen automatisch Lücken, die dann in den ersten Jahren gleichfalls so gefüllt werden. Bevorzugt werden kleinbleibende, niedrige Sommerblumen, damit die bestehende Pflanzung nicht beeinträchtigt wird. In größeren Pflanzcontainern oder Brüstungsgefäßen sollen die Pflanzzonen groß genug sein, um Gruppen von Einjahresblumen einer Art und Sorte tuffartig zu verteilen.

Da der Nährstoffbedarf üblicher Einjahresblumen beträchtlich ist, müssen diese Flächen zusätzlich gedüngt werden.

Fast immer empfiehlt es sich, die Unterpflanzung nicht an Ort und Stelle auszusäen, weil die Entwicklungsbedingungen hier ungünstiger sind. Es ist besser, vorgezogene Pflanzen zu kaufen.

Durch unterschiedlich intensive Saisonbepflanzung in Dauerbepflanzungen lassen sich sonst eintönige Hausfassaden abwechslungsreich gestalten. Eine Verständigung der Hausbewohner untereinander könnte diese »grüne« Übereinstimmung öfter zustande bringen.

Dadurch wird auch die Pflanzenauswahl im Hinblick auf Größe und harmonische Einfügung in die Dauerbepflanzung erleichtert und die Blütezeit auf dem Balkon verlängert. Besonders geeignet sind Pflanzen mit »Wildcharakter«, die durch ihre nicht zu auffällige Blüte mit den Stauden und Gehölzen der Dauerbepflanzung harmonisch wirken. »Auffällige« Balkonpflanzen wie Pelargonien, Pantoffelblumen oder Petunien mit sehr kräftiger Farbe sind weniger geeignet. Großblumige Dahlien, Gladiolen und stark rankende Sommerblumen passen ebensowenig in den Rahmen der Dauerbepflanzung.

Zu den empfehlenswerten **Sommerblühern,** die auch unter leicht schattigen Verhältnissen noch gedeihen, zählen kleinblumige Fuchsien und Schönmalve. Sonnenhungrig sind dagegen die strauchigen Margeriten, Wandelröschen und der Ziertabak. Von den typischen Sommerblumen, wie z. B. Löwenmaul, Zinnien, Sommerastern, Ringelblumen, Verbenen, Sommernelken oder auch Studentenblumen sollten nur die niedrigsten Sorten in kleinen Gruppen gepflanzt werden. Gazanien und Kalifornischer Goldmohn entfalten ihre leuchtenden Blüten nur in der vollen Sonne und haben eine geringe Laubentwicklung. Für Brüstungsgefäße und den kleinen Kasten in voller Sonne eignen sich als flächendeckende Unterpflanzung ganz besonders die kleinen blauen Lobelien, Husarenknöpfchen oder auch das duftende Steinkraut. Für halbschattige Lagen paßt besonders das Fleißige Lieschen mit seinen vielen Farben. Natürlich können zusätzlich aufgestellte Gefäße mit typischen Balkonpflanzen die sommerliche Blühwirkung bereichern.

Der erste Blütenflor im zeitigen **Frühjahr** ist auch als Unterpflanzung von besonderem Reiz. Im Herbst werden in die Pflanzlücken Krokusse, niedrige bis mittelhohe Tulpen, Narzissen und Hyazinthen in vielen Farben und aufeinanderfolgenden Blühperioden eingesetzt. Nach dem Verblühen werden sie mit Laub und Zwiebel entfernt. Wer die Herbstpflanzung versäumt hat, kann auch mit vorgetriebenen Tulpen und Hyazinthen in Töpfen einen »Frühlingsbalkon« gestalten.

Schon Anfang März können blühende Stiefmütterchen, Primeln, vorgetriebene Bellis und Vergißmeinnicht zwischen Gehölze und Stauden gepflanzt werden. Spätfröste und ein wiederkehrender Winter beeinträchtigen diesen Frühlingsflor kaum. Sie verbleiben, bis der Sommerflor folgt.

Wer die freien Pflanzflächen auch im **Herbst** und **Winter** gefüllt sehen möchte, kann mit einzelnen Gruppen von Eriken eine dekorative Wirkung erreichen. Die Pflanzen erfrieren zwar nach den ersten stärkeren Frösten, die roten und rosa Sorten behalten aber noch für lange Zeit die Farbe.

Frühlingsstimmung.

Saisonbepflanzung

Blumenschmuck vor dem Fenster und auf dem Balkon war früher nur während des Sommers üblich. Man stellte seine Zimmerpflanzen einfach vor das Fenster – so wie man es heute noch dann und wann sehen kann. Daraus entwickelte sich im Laufe der Zeit die heute übliche Bepflanzung, wie wir sie besonders häufig in oberbayerischen Dörfern finden. Die verwendeten Pflanzen sind vielfältig: Selbstüberwinterte Pelargonien, Hängebegonien, Fuchsien, Petunien und in jüngster Zeit zunehmend mehr Einjahrsblumen. Für all diese Pflanzen ist es charakteristisch, daß sie erst nach den Eisheiligen gepflanzt, den Sommer und Herbst über uns mit ihrem Blütenschmuck erfreuen und im Spätherbst abgeräumt werden.
Heute verwendet man während der Frühjahrsmonate sogar Blumenzwiebeln als Balkonschmuck, oftmals auch Stiefmütterchen oder Primeln. Im Winter können Eriken gepflanzt werden. Dazwischen gesteckte Koniferenzweige wirken dekorativ, können aber auch allein verwendet werden.
Somit werden Balkon und Fenster zu einem Ort, der uns das ganze Jahr erfreuen kann. Der Aufwand ist besonders beim mehrmaligen Bepflanzen nicht unerheblich, bringt aber Abwechslung.

Eine üppige Sommerpracht bietet das große Sortiment der möglichen Saisonbepflanzung in ihren vielen Arten und Farben.

Das Frühjahr

Im Frühjahr verwenden wir Pflanzen, denen Frost und Kälte nichts anhaben können: Stiefmütterchen in ihrer bunten Farbenpracht, Primeln, Maßliebchen, Vergißmeinnicht und schließlich die vielen Arten der Blumenzwiebeln.

Blumenzwiebeln

Man kauft die Blumenzwiebeln im Herbst und legt sie im Oktober in die Kästen. Zunächst wird etwa 5 cm Erde in den Kasten gefüllt, und die Zwiebeln daraufgelegt. Vorteilhaft ist es, wenn man sich vor dem Legen der Zwiebeln einen kleinen Plan macht, in dem die verschiedenen Arten und Sorten zusammengestellt sind. Die Planung wird so bereits zur ersten Freude. Es wird sehr dicht, Zwiebel an Zwiebel gelegt, anschließend mit Erde bedeckt und gut angegossen. Die Zwiebeln dürfen aber nicht tiefer liegen als auf den Packungen angegeben. Dann werden sie zum Überwintern an einem kühlen Ort aufgestellt. Man muß sehr darauf achten, daß die Kästen nicht der vollen Winterkälte ausgesetzt sind oder häufig auftauen und wieder gefrieren, weil es sonst zu Schäden kommt. Auch dürfen sie während des ganzen Winters nicht austrocknen. Gut eignet sich die Garage, der Kellerschacht oder ein kalter Dachboden. Wenn die Zwiebeln spitzen, ab Anfang bis Mitte März, kommen die

Krokus und Zwergiris leuchten mit ihren intensiven Farben in der Frühjahrssonne. Sie zählen zu den Vorfrühlingsblühern und bringen die erste Frühlingsstimmung.

In Kistchen ausgelegte Blumenzwiebeln von Frühjahrsblühern.

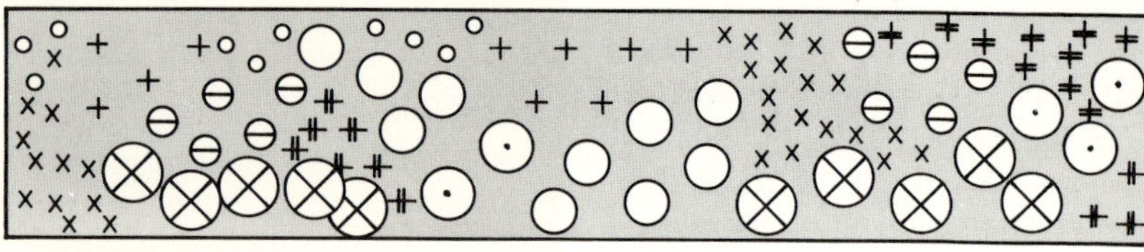

- o *Galanthus nivalis*
- ⊖ Pfauentulpen
- ○ Gefüllte frühe Tulpen
- ⊙ Hyazinthen
- ⊗ Narzissen
- + Krokus
- ‡ *Muscari*
- ǂ *Chionodoxa*
- × *Muscari armeniacum*

Die Vielfalt der Blumenzwiebeln sorgt für eine langanhaltende Blühdauer.

Kästen nach draußen. Als Blumenzwiebeln kommen Tulpen, Narzissen, Hyazinthen, Krokusse, Schneeglöckchen, *Scilla,* Winterlinge, Traubenhyazinthen und viele andere in Frage. Beim Kauf sollte man die Sortenvielfalt ausnutzen. Allgemein eignen sich Niedrige besser als Hohe, dies gilt besonders für Tulpen. Durch Mischung der verschiedenen Arten und Sorten ist es möglich, ein buntes Bild von Mitte März bis Mitte Mai zu erhalten, wobei uns besonders Tulpen helfen. Winterlinge und Schneeglöckchen machen den Anfang. Es folgen Krokusse, frühe Tulpen und Iris, dann Hyazinthen und Narzissen.

Stiefmütterchen gibt es in vielen Farben; ein dankbarer Frühjahrsblüher.

Frühjahrsblumen

Stiefmütterchen, Primeln, Maßliebchen oder Vergißmeinnicht werden als Frühjahrsschmuck in der Regel erst im März gepflanzt, da sie keine stärkere Kälte vertragen. Beim Kauf blühender Pflanzen kann man die gewünschten Farbkombinationen zusammenstellen und sich gleich das spätere Aussehen vorstellen. Pflanzen kauft man am besten beim Gärtner, oder man zieht sie selbst an. Stiefmütterchen und Vergißmeinnicht werden im Juni, Primeln bereits im April ausgesät.

Maßliebchen können vorgetrieben im Frühjahr gepflanzt werden.

Vorsommerblumen

Goldlack, Bartnelken, Islandmohn und andere Zweijährige blühen im Vorsommer. Durch ihre Höhe eignen sie sich für größere Gefäße.

Der Sommer

Im Sommer werden für die traditionelle Pflanzung Pelargonien, Fuchsien, Begonien sowie Petunien verwendet. In den letzten Jahren hielten zunehmend einjährige Sommerblumen Einzug. Dadurch hat man heute eine fast unübersehbare Farben- und Formenvielfalt. Neben der klassischen Pflanzung mit einer Art und Sorte bietet sich eine Mischung geradezu an. Hinsichtlich der Blüte und Entwicklung lassen sich so mehrere Höhepunkte schaffen.

Pelargonien Die normalen stehenden und hängenden Pelargonien – *Pelargonium zonale*-Hybriden, *Pelargonium peltatum*-Hybriden – sind die klassischen Balkonpflanzen. Die Sortenvielfalt ist hier riesengroß. Blütenfarben von hellrosa bis dunkelrot, aber auch weiß, lila und sogar zweifarbig, sowie verschiedene Blattfarben und -zeichnungen ermöglichen uns viele Kombinationen. Auch sind die Sorten oftmals sehr unterschiedlich wüchsig.

Bei der Auswahl der Sorten sollte man bereits an die Pflege denken. Normalerweise fallen die Blütenblätter nicht ab und müssen entfernt

Pelargonien in stehenden, halbhängenden und hängenden Formen. In Töpfen (oben) oder Kästen (Mitte und unten) lassen sie sich vielseitig verwenden.

Die Farben- und Formenpracht der Pelargonienblüten ist riesengroß.

Viele Pelargonien-Neuzüchtungen zeichnen sich durch besonderen Blütenreichtum aus.

Saisonbepflanzung

Aufrechte Fuchsien im Fenster schaffen eventuell Lichtprobleme.

werden. Seit einigen Jahren sind reich- aber einfachblühende, hängende Sorten mit starkem Wuchs am Markt. Sie werden als »Französische Pelargonien« angeboten. Es gibt praktisch alle Farbtöne von rosa über rot bis hin zu violett; leuchtende Farben sind besonders wirkungsvoll. Neuerdings gibt es »Minikaskade-Typen«, die nicht so stark wachsen, dafür aber noch reicher blühen. Alle »französischen Pelargonien« lassen die abgeblühten Blütenblätter fallen, man nennt dies »selbstputzend«.

Fuchsien Während sich Pelargonien besonders für sonnige Standorte eignen, wachsen Fuchsien und Begonien auch noch an schattigeren Plätzen. Die Blüten der Fuchsien sind sehr reizvoll, ihre Schönheit wirkt jedoch mehr aus der Nähe betrachtet. Bei ihnen soll die Einzelblüte zur Geltung kommen. Neben verschiedensten Blütenfarben gibt es gefüllte und kleinblütige Sorten, die entweder stehend, halbhängend oder hängend sind. Dabei können sie sich auch noch stark in der Blattfarbe unterscheiden; dunkel-

Halbhängende Fuchsiensorten passen gut zu anspruchsvollen Gefäßen.

laubige Typen sollten nur als Farbtupfer eingestreut werden. Besonders bei den großblumigen Sorten sollten die »Früchte« entfernt werden, um eine andauernde Blüte zu erreichen. Einfachblühende brauchen diese Pflege nicht.

Hängende Fuchsiensorten eignen sich besonders für Bepflanzungen mit viel Raum zur freien Entwicklung nach vorn und unten.

Saisonbepflanzung

Begonien Sie wurden früher häufiger als Balkonpflanzen verwendet als heute. Neue Züchtungen bescherten uns enorme Blütengröße und leuchtende Farben in fast allen Tönen. Hängebegonien sind weniger sortenreich. Begonien gedeihen auch auf Nordseiten, das heißt im Schatten. Die »Non Stop«-Klasse ist stärker sonnenverträglich. Besonders prächtig entfalten sich Begonien in regengeschützten Lagen wie unter vorspringenden Dächern. Windlagen sind zu vermeiden.

Im nicht zu sonnigen Eingangsbereich finden Begonien günstige Wachstumsbedingungen.

Halbgefüllte Begonien.

Einfache Blütenformen.

Petunien Die Sortenzahl bei Petunien, einer weiteren klassischen Balkonpflanze, ist fast unüberschaubar. Es gibt alle Farben, von weiß, rot, violett, sogar gelb bis zu zweifarbig. Auch im Wuchstyp sind sie unterschiedlich; neben schwachwachsenden gibt es üppige, die dann überhängen. Da die Blütenblätter gegen Regen besonders empfindlich sind, entfalten sie ihre ganze Schönheit nur an warmen, sonnigen, jedoch vor Niederschlägen geschützten Plätzen.

In regenreichen Perioden machen Petunien bei ungeschütztem Stand oft Probleme.

Die beeindruckende Farbenvielfalt der Petunien steigern hier gelbe Pantoffelblumen.

Saisonbepflanzung

Sommerblumen

Für eine Bepflanzung mit Sommerblumen spricht neben Farb- und Formenreichtum ihr meist günstiger Preis. Bei der Zusammenstellung der Pflanzen können wir zwischen Lobelien, *Semperflorens*-Begonien, Mignondahlien, *Tagetes,* Sommernelken, Husarenknöpfchen und vielen anderen wählen. Auch Kombina-

Gelbe Tagetes und rote Pelargonien können sich gut ergänzen.

Weiße *Chrysanthemum frutescens,* rote Fuchsien, gelbe Pantoffelblumen und rote Pelargonien auf der Seite fügen sich zu einem üppigen Sommerbild zusammen.

Eine hübsche Zusammenstellung von verschiedenfarbigen Petunien sowie gelber und oranger nichtrankender Kapuzinerkresse.

Den Grundton geben die weißen Petunien. Sie sind mit gelben Tagetes und roten Salvien unterpflanzt.

Saisonbepflanzung

tionen mit den klassischen Balkonpflanzen sind möglich. Die Lebendigkeit der Bepflanzung kann durch den Blüten-, Farben- und Formenreichtum sehr erhöht werden.
Die Pflanzung erfolgt in schmalen Kästen, meist einreihig. Hängende und kleinblühende Sommerblumen kommen zusätzlich vorn oder seitlich an den Rand. In breiteren Kästen wird grundsätzlich versetzt gepflanzt.

Große Pflanzen bilden den Hintergrund, niedrige und auch hängende gehören nach vorn.

Sie verdecken bald den Kasten und zeigen ein sommerlich üppiges Bild. Bei allen Pflanzungen darf man die Pflege nicht vergessen. Ein Teil der Pflanzen ist selbstreinigend, die meisten müssen jedoch regelmäßig ausgeputzt werden. Die Pflege wird auf Seite 91 behandelt. Über den unterschiedlich hohen Pflegeaufwand der verschiedenen Arten sollte man sich bereits bei der Pflanzung im Klaren sein.
Schwierigkeiten können sich ergeben, wenn man kleine oder noch nicht blühende Pflanzen verwendet. In solchen Fällen ist es besonders

Ein sehr bunter Kasten, ausschließlich mit Sommerflor (Gelbe Tagetes, lachsfarbene Sommerazalee, dunkelblaue und rote Petunien, blaue Jungfer im Grünen, rote Wikken, karmesinrote Heddewigsnelke und weißer Duftsteinrich).

Eine dankbare Balkonbepflanzung aus roten Pelargonien, gelben Pantoffelblumen und weißem Duftsteinrich.

wichtig, die endgültige Größe und Blütenfarbe zu kennen. Am besten orientiert man sich hierüber in Katalogen oder an Musterpflanzungen, wie man sie z. B. in Gartenschauen, gärtnerischen Versuchsanstalten und nicht zuletzt in den Anlagen unserer Städte findet. Insgesamt gibt die Fülle der möglichen Sommerbepflanzungen eine fast unerschöpfliche Quelle für »eigene gärtnerische Betätigung«.

Bunte Sommerblumen: Gelbe Wandelröschen, weißer Duftsteinrich, blaue Lobelien, weiß-rote Heddewigsnelken und rosa Knollenbegonien.

Saisonbepflanzung

Herbst und Winter

Für die Pflanzung in Herbst und Winter gibt es nur eine geringe Pflanzenauswahl. Dies sind vor allem Eriken in verschiedenen Farbtönen. Durch entsprechende Auswahl von *Calluna*- und *Erica*-Sorten kann man leicht Abwechslung schaffen. Dazwischen gesteckte Latschen-, Fichten- oder Tannenzweige wirken wie gepflanzt. Vor allem mit Schnee ergeben sich reizvolle Motive. Ein Futterplatz für Vögel bringt auch im Winter Leben ans Fenster oder auf den Balkon. Nach dem Winter werden die inzwischen braun gewordenen Eriken durch die Frühjahrspflanzung ersetzt.

Oft sind Eriken der einzige Winterschmuck.

Gesteckte Koniferenzweige und Eriken ergänzen sich gut.

Kübelpflanzen

Unter klassischen »Kübelpflanzen« versteht man Pflanzen mit südländischem Charakter, die im allgemeinen bei uns nicht winterhart sind. Seit alters her waren sie der Stolz der Pflanzenliebhaber oder wurden in den Orangerien als kostbare Raritäten gesammelt. Diese Pflanzen in großen Einzelgefäßen bildeten schon früher mobile Gärten.

Kübelpflanzen sollten als »Solitäre« behandelt und einzeln oder als zusammenpassende Gruppen am wärmsten und sonnigsten Platz aufgestellt werden.

Heute sind die meist subtropischen Gewächse eine Erinnerung an den Urlaub. Oft ist es gar nicht so schwierig, aus mitgebrachten Samen in wenigen Jahren stattliche Exemplare selbst heranzuziehen. Auch der Gartenfachhandel liefert bereits »Exoten«-Saatgut. Aber wo soll z. B. die schon nach 2 oder 3 Jahren gewaltige Bananenpflanze überwintern? Nur wenige Kübelpflanzen können in den meist zu warmen, zentralgeheizten Räumen überleben. Dagegen eignen sich frostfreie, helle Keller- und Speicherräume oder das Treppenhaus

Oben: Der dominierende Rizinus, unterpflanzt mit violetten Petunien, gelben Pantoffelblumen und roten und rosa Pelargonien, schafft den Eindruck einer Kübelpflanze.

Unten: Die Schmucklilie, eine traditionelle Kübelpflanze.

gut. Unter diesen Verhältnissen haben sie einen geringen Wasserbedarf und werden »trocken« gehalten.
Schon beinahe traditionell zu nennende Kübelpflanzen sind z. B. Agaven, *Yucca* und Oleander. An einem geschützten, sonnigen Standort während des Sommers und mit einer kühlen, hellen Überwinterung können sie einige Jahrzehnte alt werden. Besonders wichtig ist hier das richtige Gießen und Düngen, das seltene, aber rechtzeitige Umtopfen und, wo notwendig, auch einmal ein Rückschnitt.
Sehr in Mode gekommen sind **Palmen.** Die kanarische Dattelpalme ist beinahe schon in jedem Supermarkt erhältlich. Seltener ist die Zwergpalme aus dem Mittelmeerraum. Beide vertragen zeitweise niedrige Temperaturen im Freien, annähernd bis zum Nullpunkt. Die Überwinterung sollte am besten bei Temperaturen um +10°C erfolgen.
In der Haltung schwieriger sind **Zitrusgewächse** wie Orangen- und Zitronenbäume, die während des Hauptwachstums im Sommer reichlicher gegossen, aber nur mäßig gedüngt werden. Auch sie wünschen im Winter Temperaturen um +10°C und wenig Wasser.
Die eleganten blauen Blütendolden der **Schmucklilie** erscheinen im

Oben: Die kanarische Dattelpalme in einem ansprechenden Gefäß.

Unten: Alte Fuchsienhochstämme mit malerischem Wuchs.

Oben: *Yucca,* Stechapfel *(Datura)* und Zyperngras in aparten Gefäßen.

Unten: Stechapfel in Blüte.

Hochsommer. Überwintert wird sie im frostfreien aber keinesfalls zu warmen Raum.
Alle **Hochstammformen** von Fuchsien, Margeriten, Schönmalve, Wandelröschen, Bleiwurz und neuerdings wieder Pelargonien passen auch auf den kleinen Balkon. Sie haben die Blütenfülle der normal gezogenen Pflanzen, erscheinen aber

Kübelpflanzen

ungleich exotischer. Am besten kommen sie einzeln aufgestellt zur Wirkung. Fuchsien-, Margeriten- und Pelargonienhochstämme werden kühl und möglichst hell überwintert, die anderen genannten Arten aber etwas wärmer bei Temperaturen um +10°C. Im Frühjahr schneidet man die Triebe stark zurück und bringt dabei die Kronen in Form. Aus den kurzen Ästen entwickeln sich umso kräftigere und buschigere neue Triebe. Vor dem Rückschnitt kann umgetopft werden, wenn die Gefäße nach einigen Jahren zu klein geworden sind. Dann wird kräftig angegossen, in der Zeit danach aber nur sparsam, weil sich das neue Wachstum langsam entwickelt.
Für alle Kübelpflanzen ist zu beachten, daß sie nach der Winterpause erst ans Freie zu gewöhnen sind. Dies gilt natürlich sinngemäß auch für Kästen oder Töpfe mit Fuchsien und Pelargonien.
Regnerische, bedeckte Tage im Frühjahr passen am besten. Sogar Pflanzen mit härterem Laub könnten sonst einen »Sonnenbrand« erleiden. Ausgesprochen kälteempfindliche Pflanzen kommen erst nach den Eisheiligen ins Freie, sonst müssen sie bei möglichen Spätfrösten wieder hereingeräumt werden.

Kübelpflanzen mit südländischem Reiz: Oleander (oben) und Pfaffenhütchen (unten).

In den letzten Jahren werden **Rosen** als Busch oder Hochstamm in Containern verkauft. Sie zählen eigentlich nicht zu den klassischen Kübelpflanzen. Einzeln, oder – wenn genügend Platz ist – in Gruppen unterschiedlicher Sorten und Höhen, werden sie möglichst geschützt aufgestellt. In günstiger Lage kann ein zwei- bis dreimaliger Flor erlebt werden. Die Bildung neuer Blütenknospen wird begünstigt, wenn Samenansätze bis auf das nächste triebfähige Auge rechtzeitig zurückgeschnitten werden. Dabei wird die Kronenform korrigiert. Rosen in großen Gefäßen können an geschützter Stelle im Freien überwintern. Eine Bedeckung mit Tannen- oder Fichtenzweigen ist, wie sonst auch im Garten üblich, immer zu empfehlen.
Die **Standfestigkeit** ist bei Kübelpflanzen mit hohem Wuchs allgemein problematisch. Die Verwendung schwerer Substrate verleiht den Gefäßen eine höhere Standfestigkeit. Außerdem trocknen die Gefäße dann nicht so schnell aus. Besonders windgefährdet sind alle hohen Formen und Hochstammrosen. Sie werden z. B. mit einem Bambusstab gestützt und möglichst unauffällig am Balkongeländer oder an Wandhaken befestigt.

Chrysanthemum frutescens und *Pelargonium* (oben).

Ein Pfaffenhütchen im Tongefäß erinnert an den Süden (unten).

Schöne Pflanzen und sorgfältige Bepflanzung allein geben noch keine Gewähr für ein üppiges Gedeihen. Nur bei einer gewissen Pflege entwickeln sich die Pflanzen weiter. Pflege kann unterschiedlich intensiv erfolgen. Eine weniger gepflegte Pflanzung kann zwar auch schön sein, wird jedoch immer gegenüber einer gepflegten zurückstehen. Aufwand macht sich in der Regel bezahlt.

- Zu den Pflegemaßnahmen gehört regelmäßiges Gießen, damit keine Trockenschäden auftreten.
- Eine gleichmäßige Düngerversorgung läßt die Pflanzen nicht hungern, aber zuviel an Dünger kann auch schaden.
- Ausputzen ist ebenso notwendig, denn regelmäßig ausgeputzte Kästen machen einen gepflegteren Eindruck und beugen dem Pilzbefall vor.
- Bei einer Dauerbepflanzung ist Auslichten notwendig, sonst wird sie zu dicht.
- Daß Unkrautjäten zur Pflege gehört, ist selbstverständlich. Unkrautsamen werden besonders mit eigenen Substratmischungen eingeschleppt oder fliegen zu.

Natürlich gibt es auch Pflanzen, die weniger pflegeaufwendig sind. Hierzu gehören Gräser, z. B. Blaustrahlhafer, Sukkulente, wie *Sedum* und Hauswurz, aber auch Gehölze, z. B. Weiden und Sanddorn. Einen üppigen Balkonschmuck erzielt man mit diesen Pflanzen jedoch nicht.

Kleine Kästen und dichte Bepflanzung erfordern häufiges Gießen.

Das Gießen

Der Wasserbedarf von Pflanzen ist im allgemeinen viel größer als man annimmt. Vor allem, wenn sie in kleinen Gefäßen stehen, müssen wir dafür sorgen, daß regelmäßig und ausreichend gegossen wird. Bei Gehölzen, besonders bei den Immergrünen und auch bei den Stauden muß im Winter während frostfreier Perioden Wasser gegeben werden. Wenn dies nicht geschieht, kann es leicht zu Trockenschäden kommen.

Grundsätzlich ist der Wasserbedarf in den Monaten Juni, Juli und August am größten.

Während Gehölze am meisten Wasser brauchen, wenn sich die neuen Blätter und Triebe gebildet haben, ist der Bedarf bei Einjährigen und Stauden in den Monaten Juli und August am größten. So benötigen große Pelargonien in sonniger Lage an extrem heißen Tagen bis zu 1,5 ja 2,0 l Wasser pro Pflanze.

Leitungswasser kann ohne Einschränkung zum Gießen verwendet werden.

Für »Moorbeetpflanzen«, das sind Pflanzen, die auf Standorten mit saurem pH-Wert zu Hause sind, wird Regenwasser bevorzugt, das sich aber auch gut für andere Pflanzen eignet. Wo die Möglichkeit gegeben ist, wird man in die Fallrohre der Dachrinnen sogenannte »Regenwassersammler« einbauen. Es gibt sie als einfache Klappen, aber auch als »automatische Sammler«, bei denen sich die Klappe je nach Füllstand des Sammelgefäßes öffnet oder schließt.

Die Wassertemperatur ist ohne Bedeutung.

Klappen im Regenrohr sorgen für einen Vorrat an Gießwasser zum Nulltarif.

Es gibt keine Balkonpflanzen, die angewärmtes Gießwasser benötigen.

In keinem Fall soll über die Blätter der Pflanzen gegossen werden.

Wir fördern sonst Pilzkrankheiten, die sich auf feuchten Blättern normalerweise stärker ausbreiten. Außerdem wirken Wassertropfen bei starker Sonneneinstrahlung wie Brennlinsen und können zu Schäden führen. Wenn möglich, gießen wir unsere Pflanzen immer von unten.

Die Wasserverteilung

Unsere Pflanzen können auf verschiedene Weise Wasser erhalten. Bei großen freistehenden Gefäßen bringen Niederschläge oft eine beachtliche Menge an Feuchtigkeit. Diese reicht jedoch nicht aus, vor allem, wenn es über längere Zeit trocken bleibt. Je kleiner das Gefäß ist, um so häufiger muß der »Wasservorrat« ergänzt, das heißt, es muß gegossen werden.
Für die Wasserverteilung gibt es verschiedene Möglichkeiten. Am gebräuchlichsten ist die **Gießkanne.** Auf die große Blechkanne wird man wegen des Gewichtes verzichten und dafür die leichtere aus Kunststoff verwenden. Kunststoffgießkannen sollte man weder leer noch voll im Freien stehen lassen, da sie

Metall- und Kunststoffgießkanne.

Abschaltbare Gießrohre mit feinen Brausen.

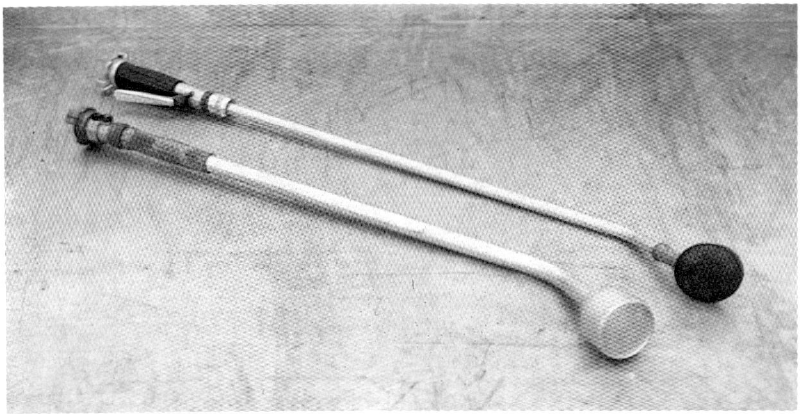

sonst spröde werden und brechen. Ein **Schlauch** ist besonders bei großen Balkon- und Terrassenanlagen bequemer als die Gießkanne. Zum Gießen wird der Wasserhahn nicht zu stark aufgedreht oder ein Gießrohr mit einer kleinen Brause verwendet.

Pflege

Während im Terrassenbereich meist Wasseranschlüsse vorhanden sind, fehlen sie auf dem Balkon. Man sollte bei Neubauten dafür sorgen, daß ein entsprechender Anschluß nach DIN installiert wird. Oft kann man bei Ein- und Mehrfamilienhäusern einen bestehenden Anschluß verlängern. Verwendet man hierzu Stecksysteme, sind keine besonderen Fertigkeiten notwendig, während für Verlängerungen z. B. mit Kupferleitung gewisse Kenntnisse und Werkzeuge erforderlich sind.

Bewässerungssysteme

Sorgen mit dem Gießen gibt es häufig während der Urlaubszeit. Viele Pflanzenfreunde verzichten aus diesem Grund auf einen Balkonschmuck. Es bieten sich nicht überall Verwandte, Nachbarn oder Freunde an, die das Gießen übernehmen. Verschiedene Möglichkeiten, auf die im Kapitel »Die Wasserdosierung« speziell eingegangen wird, machen uns unabhängiger.

Blumenkästen mit Vorratsbehältern

An anderer Stelle wurde bereits darauf hingewiesen, daß das Pflanzsubstrat selbst Wasser speichern kann. Aus Transport- und Gewichtsgründen ist man aber bestrebt, keine zu großen Gefäße, die auch etwas billiger sind, zu wählen. So wurden in den letzten Jahren zu-

Balkonkästen mit Wasservorratsbehälter.

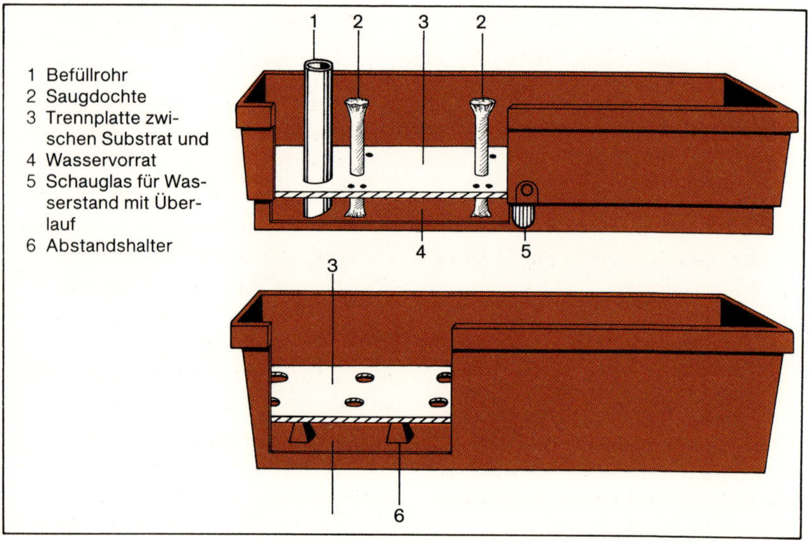

nehmend mehr Blumenkästen mit Wasservorratsbehältern entwickelt. Darauf wurde bereits bei der Beschreibung der Gefäße hingewiesen. Beim Kauf sollte man die Möglichkeit der »begrenzten Wasserbevorratung« immer in die Entscheidung einbeziehen. Im Prinzip sind die »Wasservorratsbehälter« der Blumenkästen alle gleich gebaut. Der untere Bereich des Kastens wird mit einer Platte, die auf Abstandshaltern aufliegt, vom Substrat getrennt. Solche Einrichtungen finden wir sowohl in Eternit- wie auch in Kunststoffkästen. Anspruchsvollere haben darüberhinaus ein Befüllrohr und eine Wasserstandsanzeige. Dochte führen dem Substrat das Wasser aus dem Vorratsbehälter zu. In den meisten Fällen reicht es jedoch aus, wenn die Pflanzen ins Wasser hineinwurzeln. Dies geschieht im Laufe des Wachstums sehr bald. Auch bei Kästen mit »Wasservorratsbehältern« sind Wasserabzugslöcher unbedingt notwendig. Sie liegen über dem Vorratsniveau. Solche Gefäße eignen sich besonders für Saisonbepflanzungen. Bei Dauerbepflanzungen sollte man das Problem der Wasserbevorratung über ein größeres Substratvolumen, beimischen entsprechender Zuschlagstoffe zu den Substraten oder eine »automatische« Wasserversorgung zu lösen versuchen. Die letztgenannte Möglichkeit wird ab Seite 82 noch genauer beschrieben.

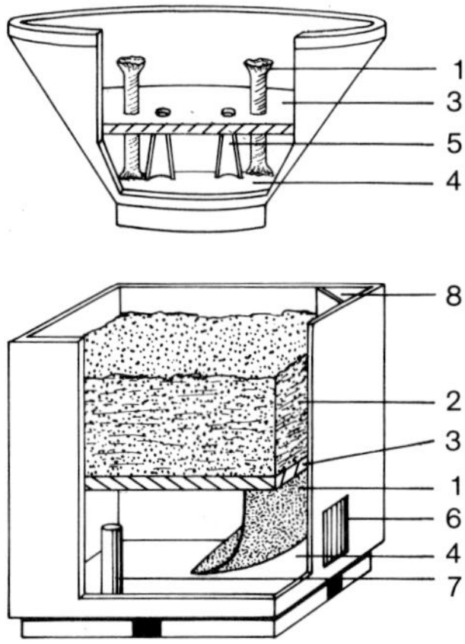

1 Saugdocht/Saugvlies
2 Substrat
3 Trennschicht
4 Wasservorrat
5 Abstandshalter
6 Schauglas für Wasserstand
7 Überlauf
8 Befüllrohr

Pflanzgefäß mit Wasservorratsbehälter.

Wasserzufuhr und Wasserverteilung

Für die Wasserverteilung können besonders bei Dauerbepflanzungen auch Kunststoffrohre eingesetzt werden. Rohre aus Polyaethylen (PE) oder aus Polyvenylchlorid (PVC) mit einem Durchmesser von 10 bis 25 mm, z. B. »Euro-TIP«-Rohre aus dem Elektrofachhandel, werden einfach auf den Gefäßen verlegt. Auch im gärtnerischen Fachhandel ist entsprechendes Material erhältlich. Im Bereich der Pflanzen werden die Rohre mit Lö-

Topfbewässerungssysteme.
a PE- oder PVC-Rohr mit 1 mm großen Löchern
b Einrohrsystem »Agro Drip« (Gilead)
c PE-Rohr mit Kapillarschlauch und Haltestäbchen

chern, besser mit Düsen, versehen. Der Einbau und die Installation können mit einiger Übung selbst erfolgen.
Da die Wasserverteilung bei diesen Rohren oftmals ungleich ist, wurden Systeme mit einer größeren Genauigkeit entwickelt, sogenannte **»Tropfbewässerungen«.** Charakteristisch für sie ist, daß eine geringere Wassermenge, unter 100 ml pro Minute und Tropfstelle, ausgebracht wird. Diese langsamfließenden Bewässerungsmethoden werden besonders in Ländern eingesetzt, in denen Wasser knapp ist. In den Gärtnereien werden sie vor allem in den Gewächshäusern benutzt.
Für Brüstungsgefäße und Großcontainer bevorzugt man **Einrohrsysteme** wie z. B. »Agro-Drip«. Dieses Rohr gibt es mit verschiedenen Abständen für Wasseraustrittsöffnungen, in Abstufungen von 20 bzw. 30 cm und ihrem Vielfachen. Die Rohre werden im Pflanzenbestand verlegt. Verbindungen zwischen einzelnen Gefäßen kann man mit Blindrohren, also Rohren ohne Wasseraustrittsöffnungen, vornehmen. Verbunden werden die einzelnen Teile durch Steckelemente.
Kapillarschlauchsysteme wie z. B. »Volmatic«, »Steva« und »Renoplast« eignen sich mehr für den Bereich des Balkonkastens und des Fenstersimses. Hier werden Schläuche aus PE mit einem sehr kleinen Innendurchmesser (0,7 bis 1,5 mm)

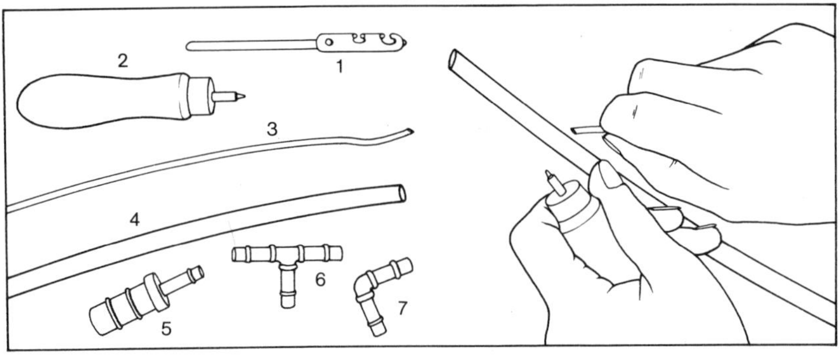

Teile und Bauanleitung für Tropfbewässerungssystem »Kapillarschlauch«. 1 Haltestäbchen, 2 Lochdorn, 3 Kapillarschlauch, 4 PE-Verteilerschlauch, 5 Reduktionsstück, 6 T-Stück, 7 Winkel.

in einen größeren PE-Schlauch gesteckt. Der Durchmesser richtet sich nach der Zahl der Tropfstellen. So reicht z. B. für 50 Tropfschläuche ein Innendurchmesser von 6 mm. Pro Meter Kasten rechnet man 4 bis 5 Tropfschläuche. Das Einstecken der Tropfschläuche muß man meist selbst machen und kann sich so den gegebenen Verhältnissen leicht anpassen. Wichtig ist es, daß alle Tropfschläuche gleich lang sind.
Den unterschiedlichen Wasserbedarf von Pflanzen verschiedener Art und Größe regelt man, indem eine unterschiedliche Anzahl von Tropfschläuchen installiert wird. Die Tropfschläuche werden mit Haltestäbchen in den Kästen so fixiert, daß das Wasser nicht direkt den Wurzelhals der Pflanzen trifft.
Bei allen Tropfbewässerungssystemen ist ein niederer Wasserdruck im Zuführungsschlauch Voraussetzung. Nach dem Wasseranschluß wird deshalb ein **Druckminderer** eingebaut. Übliche Druckminderer aus dem Sanitärbereich, die auf Werte zwischen 0,5 und 1,0 bar einzustellen sind, reichen aus. Auch mit Querschnittsverengungen kann der Druck reduziert werden. Eingebaute oder zusätzliche Filter erhöhen insgesamt die Betriebssicherheit. Da bis zum Druckminderer der volle Leitungsdruck ansteht, muß auf sichere und dichte Verbindungen geachtet werden. Man stellt sie mit Verschraubungen und Muffen, abgedichtet mit Hanf oder Teflonband, her. Eine Erleichterung sind sogenannte »Geka-Kupplungen«.
Im Winter werden die Tropfbewässerungsanlagen in den Dauerbepflanzungen belassen. Das PE-Material ist ausreichend witterungsbeständig. Wenn sie am Balkon oder Fenster störend wirken, baut man sie ab und lagert sie über den Winter im Keller oder in der Garage. Vor dem Wiedereinbau der Anlage im Frühjahr wird der am Ende offene

Verschiedene Wassermengendosierer.

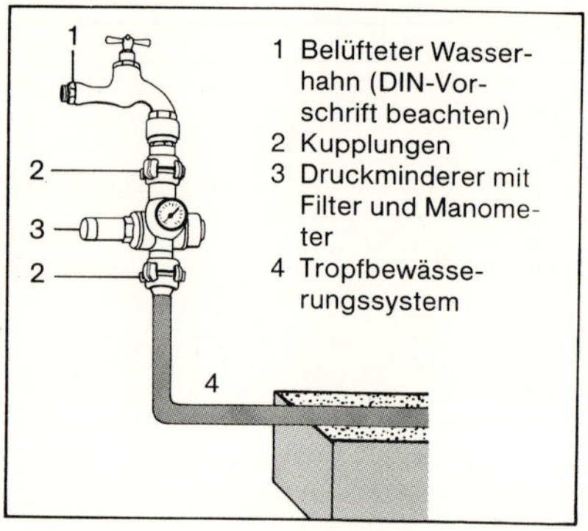

Einfacher Anschluß eines Tropfbewässerungssystems.

Hauptschlauch kräftig durchgespült und die Funktion der Tropfschläuche überprüft. Behandelt man sie schonend, können Tropfbewässerungsanlagen über viele Jahre verwendet werden.

Die Wasserdosierung

Wann und wieviel Wasser Pflanzen brauchen, dies richtig zu entscheiden, beherrscht nicht jeder. Der »Grüne Daumen« kann sich mit der Zeit entwickeln, wobei man immer darauf achten sollte, daß zuviel Wasser mehr schadet als zuwenig. Besonders bei Dauerbepflanzungen wird oftmals zuviel gegossen. Wir sollten nur dann gießen, wenn das Substrat trocken ist. Im Herbst und zeitigen Frühjahr, wenn genügend Niederschläge fallen, brauchen wir oftmals 2 bis 3 Wochen überhaupt nicht zu gießen. Umgekehrt muß an heißen Tagen im Sommer bei großen Pflanzen mehrmals täglich Wasser gegeben werden.
Kästen mit doppeltem Boden, wie sie bereits beschrieben wurden, müssen nur seltener, dafür dann aber mit mehr Wasser versorgt werden. Damit erspart man sich auch im Sommer das tägliche Gießen.
Wenn anstelle von Gießkanne oder Schlauch Tropfbewässerungssysteme treten, bleibt das Problem der Dosierung. Der Wasserhahn muß rechtzeitig auf- oder zugedreht werden. Oftmals wird jedoch gerade das Zudrehen vergessen, sodaß es zu Überschwemmungen kommt.
Hier empfiehlt es sich, einfache **Abschaltgeräte** in die Zuführungsleitungen einzubauen. Nach einer vorgewählten Wassermenge oder Zeit wird der Durchfluß gestoppt. Mengenabhängige Ventile messen den Durchfluß wie Wasseruhren und schließen dann den Zufluß mechanisch. Bei zeitgesteuerten Geräten schließt ein mechanisches Uhrwerk

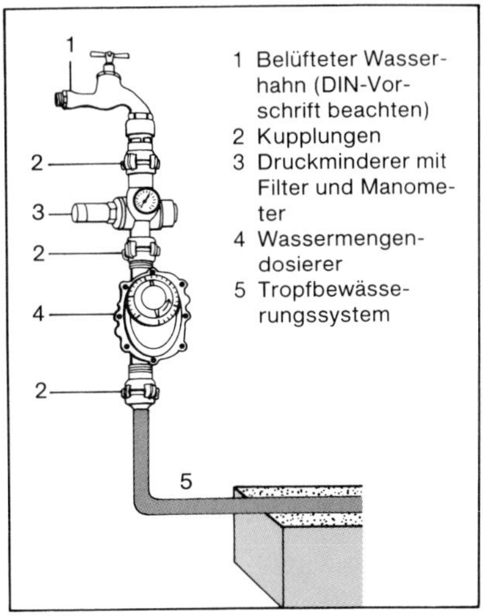

Anschluß eines Tropfbewässerungssystems mit Wassermengendosierer.

das Ventil. Auch mit elektrischen Zeitschaltuhren ist eine Steuerung möglich. Die Ventile sollten möglichst direkt an den Wasserhahn installiert werden.

Alle **Zeituhren** zum An- und Abschalten der Bewässerung müssen leicht und zuverlässig auf Zeiten weniger als 10 Minuten einstellbar sein. Um einen üblichen Balkonkasten zu durchfeuchten, muß auch eine Tropfbewässerung nicht länger als 5 bis 6 Minuten in Betrieb sein. Können Schaltgeräte über mehrere Tage vorprogrammiert werden, lassen sie sich in begrenztem Umfang auch als Urlaubsvertretung einsetzen. Es wird dann jedoch unabhängig von der Witterung, das heißt, auch bei Regen gegossen. Um das zu vermeiden sollte man einen Weg finden, daß das Gerät nur bei Bedarf einschaltet. Wenn es keinen hilfsbereiten Nachbarn gibt, kann ein geschickter Bastler sich mit einem Regenfühler helfen. Falls solche »Halbautomatischen Anlagen« benutzt werden, sollte immer ein **Wasserablauf** im Bereich des Balkons vorhanden sein, um eventuell durchlaufendes Wasser abzuleiten.

Zu Steuergeräten mit Zeitschaltung gehören Magnetventile.

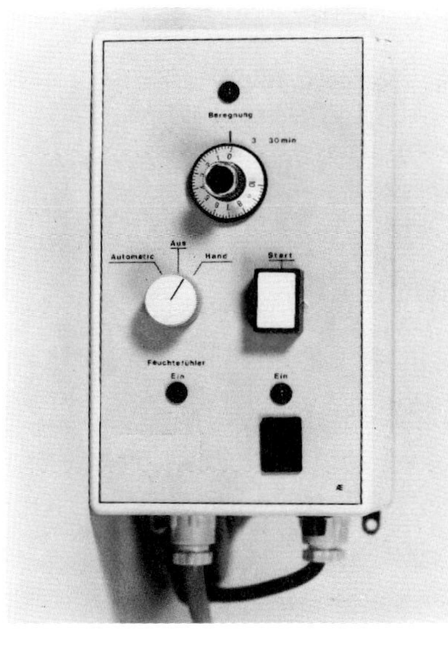

Automatische Bewässung

Die höchste Stufe bei der Automatisierung des Gießens ist der Einsatz von Fühlern, die die Feuchte im Boden messen und das Gießen regeln. Sie setzen voraus, daß ein funktionierendes System für die Wasserverteilung – z. B. eine Tropfbewässerung – vorhanden ist. Die Meßverfahren, mit denen die Bodenfeuchte erfaßt werden kann, beruhen auf verschiedenen physikalischen Prinzipien. Nicht alle arbeiten jedoch gleich gut und gleich zuverlässig. Meßverfahren, die mit der elektrischen Leitfähigkeit arbeiten, scheiden aus. Sie werden zu stark von der Düngung beeinflußt. Häufig werden auch kapazitive Verfahren empfohlen; sie sind aber noch sehr störanfällig und wenig zuverlässig. Im Gartenbau sind beide Meßverfahren kaum noch aktuell. Sie wurden durch Tensiometer abgelöst.

Tensiometer bestehen aus einem porösen Keramikkörper, der über ein Rohr – in der Regel aus Plexiglas – mit einem Manometer verbunden ist. Sie müssen mit Wasser befüllt und absolut luftdicht verschlossen werden. Tensiometer messen die Kraft, mit der das Wasser vom Boden festgehalten wird. Der Keramikkörper wird in den Boden gesteckt und fest angedrückt. Wenn der Boden austrocknet, weil die Pflanzen Wasser verbrauchen, wird dem Tensiometer Wasser entzogen, und es entsteht in ihm ein

Der Tensioschalter steuert zuverlässig die Wasserversorgung der Pflanzen.

In das Substrat gesteckter Tensioschalter (1) mit Flachsteckanschlüssen (2) für die 24-Volt-Zuleitung (3).

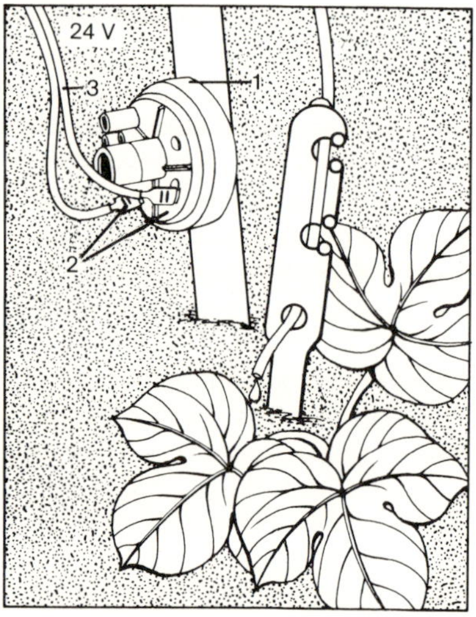

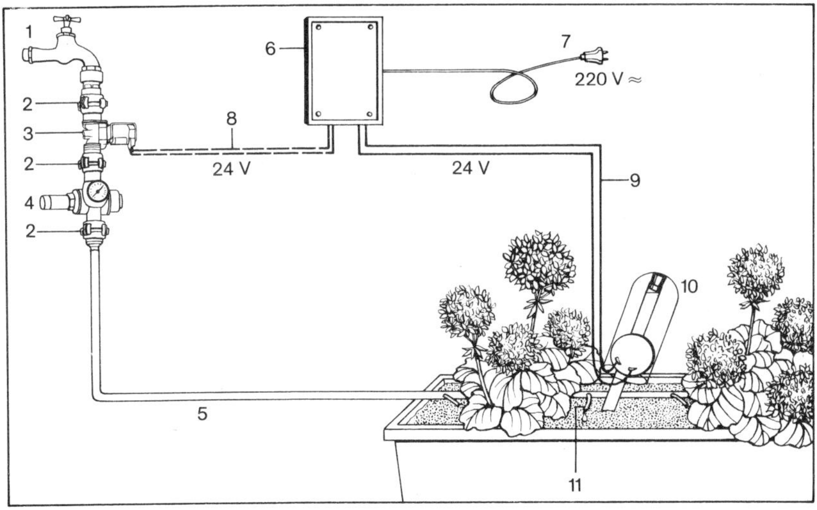

Anschluß eines Tropfbewässerungssystems mit automatischer Steuerung.
1 Belüfteter Wasserhahn (DIN-Vorschrift beachten), 2 Kupplungen, 3 Magnetventil (24 Volt), 4 Druckminderer mit Filter und Manometer, 5 Tropfbewässerungssystem, 6 Schaltgerät mit 7 220-Volt-Anschluß, 8 24-Volt-Anschluß zum Magnetventil und 9 24-Volt-Anschluß für den Tensioschalter, 10 Tensioschalter mit Abdeckhaube, 11 Tropfstelle in der Nähe des Tensioschalters und einer Pflanze.

Unterdruck, der um so höher ist, je trockener der Boden ist.
Nach dem Gießen ist der Boden um den Tensiometer wieder feucht, und der Unterdruck im Tensiometer baut sich über den Keramikkörper ab. Der Düngergehalt des Bodens spielt dabei keine Rolle. Es gibt Tensiometer mit verstellbaren elektrischen Kontakten. Der Zeiger des Manometers betätigt kontaktlos einen Magnetschalter. Die Zeiger sind jedoch oft träge, wie wir es vom Barometer her kennen, und verstellen sich sprunghaft. Außerdem sind die Schaltkontakte nur wenig belastbar. Besser geeignet sind Tensioschalter. Bei ihnen ist das Manometer durch einen Unterdruckschalter ersetzt, der zuverlässig schaltet und elektrisch stärker belastbar ist. Außerdem sind Tensioschalter aufgrund der einfachen Bauweise relativ preiswert. Im Winter müssen die wassergefüllten Tensiometer vor Frost geschützt aufbewahrt werden.
Was benötigt man nun alles für eine automatische Gießanlage?

- Wasser- und Stromanschluß,
- Tropfbewässerungsanlage,
- Schaltgerät,
- Magnetventil,
- Tensioschalter.

Beim Betrieb einer automatischen Gießanlage ist besonders zu beachten, daß der Fühler in den Hauptwurzelbereich einer Pflanze nahe an eine Tropfstelle gesteckt wird. Dieser »repräsentative Standort« ist bei Saisonbepflanzungen der Ballen einer durchschnittlich großen Pflanze. Bei Dauerbepflanzungen ist der richtige Fühlerstandort schwieriger zu finden. Je nachdem, ob es nach einer gewissen Zeit zu trocken oder zu feucht ist, wird der Fühler umgesteckt. Je näher sich eine Tropfstelle am Fühler befindet, um so kürzer, aber umso häufiger sind die Gießvorgänge. Der Fühler reagiert so sicherer und schneller. Neuerdings werden auch **stromlose Steuersysteme** angeboten. Sie funktionieren nach hydraulischen Gesetzen, arbeiten derzeit jedoch noch nicht zuverlässig und sicher genug. Jede Automatik kann einmal versagen, so daß unter allen Umständen sichergestellt werden muß, daß Überschußwasser abfließen kann.

Eine solch üppige Pflanzenentwicklung vom Frühjahr (oben) zum Hochsommer (unten) wird durch eine Gießautomatik mit Flüssigdüngung ermöglicht. Die Kästen zwischen den Fenstern wären von Hand kaum zu gießen.

Zum andauernden Wachsen und Blühen gehört neben guter Wasserversorgung eine ausreichende Düngung.

Nachdüngung

Die allgemeine Düngung ist bereits im Kapitel »Vorratsdüngung« behandelt worden. Bei einer Saisonbepflanzung und erst recht bei Dauerbepflanzungen ist jedoch eine Nachdüngung notwendig. Mit fortschreitendem Wachstum steigt der Bedarf. Die vorhandenen Nährstoffe sind früher oder später aufgebraucht und werden außerdem bei zu intensivem Gießen oder starken Niederschlägen ausgewaschen, sodaß die Pflanzen hungern. Bei »Hunger« werden die Pflanzen hell oder gelb. Der Zuwachs ist nur noch gering, teilweise wird überhaupt kein Neutrieb mehr gebildet. Die angesetzten Blüten sind meist klein und wenig farbintensiv.

Da wir in den meisten Fällen Substrate verwenden, die aufgedüngt oder sogar dauergedüngt sind, tritt zunächst kein Mangel auf. Der Dünger ist jedoch nach einer gewissen Zeit aufgebraucht.

Die Wirkung des Düngers ist umso kürzer, je höher die Temperaturen sind und je feuchter das Substrat ist. So kann auch am Ende der Saison bei dauergedüngten Substraten ein gewisser Mangel entstehen.

Billigere Substrate sind in der Regel nicht dauergedüngt, bei ihnen sind relativ schnell wirkende Dünger zugesetzt. Lang anhaltende Niederschläge waschen bei solchen Substraten die Nährstoffe bald aus.

Deshalb ist es notwendig, dann sofort nachzudüngen. Geschützte Balkonbepflanzungen, wie unter einem ausladenden Hausdach, sind hier im Vorteil.

Hier einige Vorschläge zur Nachdüngung:
Bei einer Sommerbepflanzung mit nicht dauergedüngten Erden beginnt die Nachdüngung etwa nach 4 Wochen. Die Pflanzen sind dann eingewurzelt, und es setzt stärkeres Wachstum ein. Um einen andauernden Flor zu erhalten, muß bis Oktober gedüngt werden. Hier braucht nicht, wie bei einer Dauerbepflanzung, auf die Holzausreife geachtet zu werden. Gehölze und Stauden dürfen deshalb nur bis Anfang September gedüngt werden. Dauerdünger müssen früher abgesetzt werden.
Als Faustzahl für die Düngung in einer Saison gelten 5 bis 10 g Dünger pro Liter Substrat. In dieser Menge ist die Grunddüngung von durchschnittlich 2 g Dünger enthalten, der Rest muß nachgedüngt werden. Dieser Richtwert ist jedoch sehr abhänging von der Pflanzenart, der Bestandsdichte und dem Pflanzenalter.
Hohen Bedarf bis zu 10 g Dünger haben z. B. Pelargonien, Knollenbegonien, Calceolarien und Fuchsien. Die einzelnen Gaben dürfen jedoch nicht zu hoch sein, da sonst Stokkungen im Wachstum oder sogar Schäden auftreten können.

Nur 5 g Dünger pro Liter Substrat benötigen Stauden und Gehölze. In den ersten Jahren, wenn diese noch relativ klein sind, erhalten sie weniger. Bei ihnen muß immer an eine sichere Überwinterung gedacht werden, die nur möglich ist, wenn die Pflanzen ausgereift sind. Ein älterer Pflanzenbestand kann auch stärker gedüngt werden.

Zur Ausreife von Gehölzen und Stauden ist es notwendig, die Nachdüngung im Spätsommer rechtzeitig zu beenden.

Nachdüngung in fester Form

Feste Dünger werden zur Nachdüngung verwendet, wenn keine schnelle Wirkung wegen akuten Mangels notwendig ist, Arbeit gespart und grobe Dosierfehler vermieden werden sollen. Alle 2 bis 3 Wochen werden die Dünger verabreicht. Anders verhält es sich bei Dauerdüngern, die nur ein bis zweimal pro Saison gegeben werden müssen. Um eine gute Wirkung zu erreichen, wird flächig aufgestreut, wobei die Pflanzen natürlich trocken sein müssen. Durch flaches Einarbeiten bei ausreichender Feuchtigkeit oder nachfolgendes Gießen löst sich der Dünger, und die Nährstoffe stehen zur Verfügung.
Um eine genaue Dosierung zu erreichen, wird die Düngermenge eines gestrichen oder gehäuft vollen Teelöffels mit einer Briefwaage abgewogen. Dieses Maß braucht man dann nur entsprechend zu vervielfachen. Um die bereits genannten

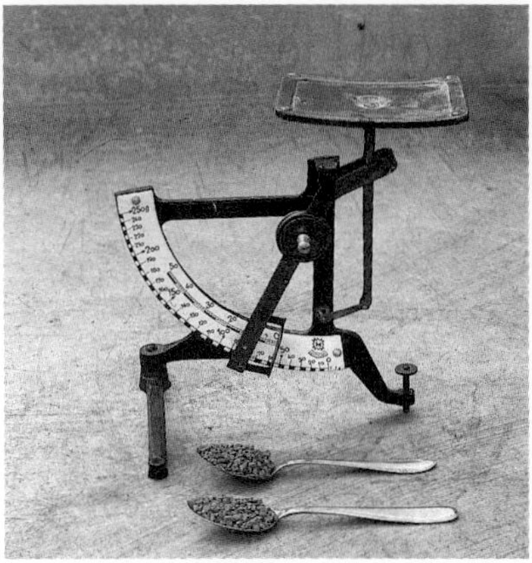

Für die richtige Dosierung von festen Düngern hilft uns Briefwaage und Löffel.

Gewa-Düngermischer für Flüssigdüngung zum Einbau in Tropfbewässerungsanlagen.

Höchstwerte nicht zu überschreiten, muß vorher die Gesamtmenge pro Jahr und Gefäß errechnet werden. Die Summe der geplanten Teilgaben muß diesem Wert entsprechen.

Mit Volldüngern, wie z. B. Nitrophoska perfekt oder Nitrophoska blau spezial, aber auch mit Hornoska, wird die Düngung einfacher als durch Mischungen mit Einzelnährstoffdüngern wie Kalksalpeter, Patentkali oder Horndünger. Damit die Dünger nicht verklumpen, müssen sie trocken aufbewahrt werden. Größere Düngermengen auf einmal gekauft, sind in der Regel wesentlich preisgünstiger als Kleinpackungen. Großpackungen erhält man allgemein in landwirtschaftlichen Lagerhäusern, beim gärtnerischen Fachhandel, oft auch in Gartencentern.

Nachdüngung in flüssiger Form

Die flüssige Düngung wirkt schneller und kann zusammen mit dem Gießen erfolgen. Dabei entfällt das Einarbeiten, das in alten Dauerbepflanzungen oft nicht mehr möglich ist. Die Konzentration im Gießwasser wird der jeweiligen Entwicklung und der Pflanzenart angepaßt. Während in kühlen und trüben Perioden weniger gedüngt wird, brauchen die Pflanzen im warmen Hochsommer viel Wasser und auch mehr Dünger. Bei der Flüssigdüngung ist die Berechnung der Gesamtdüngermenge umständlich. Am besten hält man sich an die Angaben der Hersteller über Konzentration und Häufigkeit, so wie man es bei Zimmerpflanzen gewohnt ist. Es ist allerdings ein sehr genaues Abmessen z. B. in

einem Meßbecher oder der Verschlußkappe notwendig, da gute Dünger hoch konzentriert sind. Wenn bis zu zweimal wöchentlich gedüngt wird, muß das Pflanzgefäß jedesmal kräftig durchfeuchtet werden, ohne daß Lösung abläuft. Leicht feuchte Substrate nehmen mehr auf als zu trockene.
Feste Dünger, die erst aufgelöst werden müssen, dann aber wie Flüssigdünger behandelt werden, sind z. B. Mairol und Hakaphos. Andere, wie z. B. Gabi oder Wuxal, liegen bereits in Lösung vor. Bei ihrer Lagerung muß darauf geachtet werden, daß sie nicht unter +5° C abkühlen, da sonst einzelne Bestandteile auskristallisieren. Durch Erwärmen und Schütteln können die Kristalle meist wieder aufgelöst werden.
Erfolgt das Gießen durch Tropfschläuche, wie ab Seite 78 beschrieben, ist es möglich, die Düngung mit sogenannten Düngermischern zu automatisieren. Auf Grund der Dosiergenauigkeit und des Preises sind derzeit z. B. »Gewa-Düngermischer« zu empfehlen. Es gibt speziell für den Einsatz im Bereich der Balkonbewässerung einen kleinen Mischer mit 15 l Inhalt, der in die Gießleitung eingekuppelt wird. Im Inneren des Druckbehälters befindet sich ein Kunststoffsack, in den die vorgeschriebene Düngerlösung eingefüllt wird. Über eine Düse wird eine genau definierte Menge

Blütenbildung und Wachstum befriedigen nur bei optimaler Nährstoffversorgung.

Ohne Nachdüngung kommt es zu Mangelsymptomen, wie kleine Blüten und gelbe Blätter.

Pflege

der Düngerlösung dem Gießwasser zugemischt und so die gewünschte Konzentration eingehalten. Ob noch Düngerlösung im Sack ist, wird optisch angezeigt. Es empfiehlt sich, den Düngermischer regelmäßig zu befüllen, auch wenn er noch nicht ganz leer ist. Bei der Wiederbefüllung fällt »Verdrängungswasser« an, das abgeleitet werden muß. Die Kosten für einen kleinen Düngermischer liegen derzeit bei etwa DM 400. Durch die eingesparte Arbeit und das bessere Pflanzenwachstum macht er sich vor allem bei größeren Anlagen bald bezahlt. Wie bei allen technischen Geräten muß eine Wartung erfolgen, das heißt, im Winter ist er zu entleeren und frostfrei zu lagern. Eventuell müssen auch Teile gereinigt werden, da es zu Ablagerungen kommen kann.

Eine derartige Blütenfülle verrät Kenntnisse und Geschick für die Pflege, besonders das Gießen und Düngen von Pflanzen.

Ausputzen und Auslichten

Das Ausputzen

Dies erfolgt bei einjährigen Balkonpflanzen und ist für manchen eine Lieblingsbeschäftigung. Dabei bemerkt man rechtzeitig manche unliebsame Erscheinung wie faulende Blätter, Pilzkrankheiten oder Läuse. Auch bleiben die Pflanzen gesünder, wenn das gelbe oder gar faulende Laub entfernt ist, und sie sehen wieder sauber und gepflegt aus. Für einen andauernden Blütenflor ist es bei Fuchsien, Petunien und Sommerblumen wichtig, die abgeblühten Blumen zu entfernen, da ausreifende Samen die Wuchs- und Blühkraft deutlich vermindern. Wer so gar nicht die Zeit und Muße zu dieser Arbeit aufbringt, der muß z. B. bei Pelargonien und Petunien-Sorten, die sich »selbst reinigen« verwenden. Auch bei einigen Stauden kann ein Ausputzen abgeblühter Blütenstände zu einer zweiten Blüte oder ausgedehnterer Blütezeit verhelfen. Bei Salbei oder Feinstrahlaster gelangt man erst durch einen Rückschnitt zu einem zweiten Flor.

Das Auslichten

Dies ist bei Stauden und Gehölzen unter den begrenzten Raumverhältnissen des Balkons weit mehr als im Garten notwendig, um das Wachstum in einem gewissen Maße zu regulieren. Es muß Platz für langsamer wachsende Pflanzen geschaf-

Wenn eine Bepflanzung nicht unter dem Unkraut verschwinden soll, muß rechtzeitig gejätet werden. Das untere Bild zeigt den gleichen Pflanztrog wie oben nach dem Entfernen des Unkrauts.

Pflege

Bei Petunien fallen verblühte Blüten nicht ab, sondern vertrocknen oder beginnen im ungünstigsten Fall zu faulen.

Für ein gepflegtes Aussehen und ein weiter ausdauerndes Wachstum sorgt ein regelmäßiges Ausputzen.

fen werden. Das sollte rechtzeitig geschehen, bevor wegen Lichtmangels einige zu kümmern beginnen. Das Ab- oder Zurückschneiden kleinerer Äste ist jederzeit möglich. Gleichzeitig können wir die Wuchsform beeinflussen. Bei Gehölzen, die zum Wuchern neigen, wird im Sommer ein Teil der Jungtriebe entfernt. Abgestorbene oder beschädigte Äste werden so bald als möglich beseitigt. Von ihnen könnten sich Fäulnis oder Krankheiten weiter ausbreiten.

Der Rückschnitt

Der stärkere Rückschnitt älterer Gehölze mit einer guten Gartenschere oder Säge erfolgt am besten im Spätherbst oder zeitigen Frühjahr. Mit dem Herausschneiden einiger alter Triebe wird die Verjüngung gefördert. Gehölze, die meist am ein- oder zweijährigen Holz blühen, würden ohne Ausschneiden der alten Triebe in wenigen Jahren vergreisen.

Damit Nadelgehölze, wie Kiefern, kompakter wachsen, können beim frischen Austrieb die Spitzen ausgebrochen werden. So bilden sich die Seitenknospen stärker aus und die Verzweigung wird gefördert. Bei Stauden erfolgt gewöhnlich im Herbst nur ein grober Rückschnitt. Alles, was unschön aussieht, kann entfernt werden. Manche Stauden und Gräser wirken mit ihren Frucht- oder Samenständen im Herbst und Winter besonders attraktiv. Der endgültige Rückschnitt ist dann im Frühjahr nötig. Die abgestorbenen Pflanzenteile werden bis zum Boden abgeschnitten, die restlichen stark eingekürzt und alles Laub ausgeputzt.

Ergänzen von Substrat

In einer Dauerpflanzung ist bald nach dem Pflanzen ein stärkeres und danach ein langsameres Absinken des Substrates zu bemerken; die Struktur ist dichter geworden. Im Laufe der Jahre baut sich auch Dauerhumus langsam ab, und durch starke Regenfälle können Bodenteile abgeschwemmt werden. Nachteilig wird diese Erscheinung, wenn dann flache Wurzeln freiliegen. Deshalb muß nachgefüllt werden. Dazu eignen sich Fertigsubstrate, wie z. B. Torfkultursubstrate. Die Zufuhr neuen organischen Materials und eine gewisse Mulchwirkung frischen das vorhandene Substrat auf. Damit sich die nachgefüllte Schicht besser verbindet, wird vorher die Oberfläche flach und vorsichtig gelockert. Am besten läßt sich das Nachfüllen im Frühjahr erledigen. Man hat dann den besseren Überblick und die Arbeit ist bequemer, als wenn alles zugewachsen ist.

Pflanzen auswechseln

Auch mit viel gärtnerischem Talent wird es nicht ausbleiben, daß Pflanzen kümmern oder ganz absterben. Die Verhältnisse auf dem Balkon, wie z. B. die ans Minimum angepaßten Volumen der Pflanzgefäße, die Konkurrenz innerhalb der Bepflanzung, Krankheits- und Schädlingsbefall setzen Grenzen. Je verschiedener die Pflanzen in einem Gefäß sind, umso mehr kann es im Laufe der Jahre zu Ausfällen kommen. Treten diese Probleme öfters auf, liegt es vielleicht an der unsachgemäßen Pflege oder häufig an einer ungeeigneten Pflanzenauswahl. Man lernt natürlich hinzu.

Wenn eine Dauerbepflanzung nicht verwahrlosen soll, ist rechtzeitig für einen Ersatz kümmernder oder abgestorbener Pflanzen zu sorgen. Der beste Zeitraum für diese Arbeit ist im Winter oder Frühjahr. Dann werden auch zu groß gewordene Pflanzen ausgewechselt. Man schneidet sie am besten mit einem entsprechenden Messer oder einer Säge heraus. Sollen sie an anderer Stelle gepflanzt werden, muß der Wurzelballen ausreichend groß sein.

Nach mehreren Jahren werden Dauerpflanzungen oft zu dicht und einzelne Pflanzen zu groß. Deshalb muß rechtzeitig zurückgeschnitten oder einzelne Pflanzen herausgenommen werden. So bleibt die Pflanzung lange Jahre ansprechend.

Für die Neubepflanzung der entstandenen Lücken steht wenig Wurzelraum zur Verfügung. Das muß bei der Wahl der Pflanzengröße bedacht werden.
Mit den Stauden ist es weniger problematisch. Kümmernde Pflanzen haben meist wenig Wurzeln; man kann sie leicht herausnehmen. Zu groß gewordene gesunde Stauden werden im zeitigen Frühjahr mit einem scharfen Messer zerschnitten und Teile herausgestochen. Sie lassen sich bei sorgsamer Behandlung und ausreichendem Wurzelanteil meist problemlos neu pflanzen. Der verbleibende Rest ist vital genug, um die Lücke später wieder zu schließen. Die entstandenen Löcher werden mit frischem Substrat aufgefüllt und angegossen. Hat man nach einigen Jahren neue Ideen für die Gestaltung der Bepflanzung, muß man viel Mühe und Arbeit auf sich nehmen. Bei großen Änderungen im Pflanzenbestand ist es vorteilhaft, alle Pflanzen herauszunehmen und das Substrat ganz oder teilweise auszuwechseln.

Pflanzenschutz

Meistens bemerken wir den Befall von Schädlingen und Krankheiten erst, wenn sie sich ausgebreitet haben.
Läuse In manchen Jahren gibt es eine ausgesprochene Läuseplage, die auch unseren Balkon nicht verschont. Einige vereinzelte Läuse, die wir entdecken, brauchen uns nicht in Alarmstimmung zu versetzen. Gekräuselte oder eingerollte Blätter und vor allem die klebrigen Ausscheidungen von Blattläusen weisen jedoch auf einen stärkeren Befall hin.

Die Blattlaus, ein nicht seltener Schädling.

Spinnmilben Sie sind ein Problem für manche Laubgehölze, Rosen und Stauden. In warmen, sonnigen und windgeschützten Ecken vermehren sie sich besonders rasch. Sie sind mit bloßem Augen schwierig zu erkennen. Weißlich schimmernde, teils gelbliche Flecken sollten uns frühzeitig aufmerksam machen. Die Spinnmilben sitzen meist auf der Blattunterseite und schädigen durch das Aussaugen von Pflanzenzellen. Bei einem stärkeren Befall und im fortgeschrittenem Stadium wird das Laub rötlich oder

Grauschimmel, *Botrytis.*

bräunlich und vertrocknet. Wichtig für die Bekämpfung ist eine frühzeitige gezielte Spritzung, bevor sich die Schädlinge weiter ausbreiten. Es muß aber mehrmals behandelt werden, um auch später geschlüpfte Milben zu treffen.

Schildläuse Sie sitzen bevorzugt an Blättern und Ästen hartlaubiger Gehölze. Die unter bräunlichen Schildchen lebenden Schädlinge heben sich farblich kaum von ihrem Untergrund ab. Am ehesten fällt ein klebriger Belag auf. Mit etwas Mühe kann man die Schildläuse an den Ästen mit einer kleinen Bürste und Seifenlauge entfernen. Bei einem starken Befall, der die Pflanze kümmern läßt, ist ein mehrmaliges Spritzen in acht- bis zehntägigem Abstand erforderlich.

Seltener werden **Dickmaulrüssler, Raupen** und **Schnecken** zum Problem. Das Schadbild zeigt sich als angefressene Blätter und Knospen. Raupen können oft einfach abgesammelt werden.

An pilzlichen Erkrankungen machen uns Grauschimmel, Echter- und Falscher Mehltau und Rostpilze zu schaffen.

Grauschimmel In feuchten Perioden kommt es bei dichten Pflanzungen leicht zu Befall mit diesem Pilz. Am besten werden die faulen Blätter und Pflanzenteile ausgeputzt. Wenn es wieder trockener wird, ist das Problem kaum noch von Bedeutung.

Echter Mehltau Besondere Schwierigkeiten mit dieser Erkrankung gibt es bei Rosen. Hier muß frühzeitig und wiederholt behandelt werden. Mehltau an Begonien, Rostpilze an Pelargonien und Nelken werden bei starkem Befall mit entsprechenden Präparaten bekämpft. Nur ein sehr frühzeitiges Entfernen aller befallenen Blätter kann chemische Maßnahmen ersparen.

Pflanzenbehandlungsmittel

Ihr Einsatz erfordert einen sachgemäßen und vorsichtigen Umgang. Nur wenn es wirklich notwendig ist, sollten befallene Pflanzen mit den im Handel erhältlichen Präparaten behandelt werden. Die Mittel gibt es zum Spritzen, zum Aufstreuen und als Pflanzenschutzstäbchen. Der Wirkstoff der Streumittel und Stäbchen wird über den Boden von den Wurzeln aufgenommen und in alle Pflanzenteile transportiert. Diese

Präparate haben eine längere Wirkung; besonders vorteilhaft ist die bequeme Anwendung. Die Behandlung mit Spraydosen, aber auch mit Spritzgeräten sollte bei windstillem Wetter erfolgen, um eine Abdrift zu vermeiden. Für den größeren Balkon lohnt sich die Anschaffung kleiner Pflanzenschutzspritzen aus Kunststoff mit einem Füllinhalt von etwa 1,5 Liter. Die Anwendung der Präparate muß exakt nach den Vorschriften erfolgen. Eine zu niedrige Konzentration vermindert die Wirksamkeit, während eine zu hohe sogar Schäden an den Pflanzen verursachen kann.

»Biologischer« Pflanzenschutz
Er läßt sich auch auf dem Balkon praktizieren. Meist handelt es sich um Pyrethrum-Präparate, einem aus Pflanzen gewonnenen Wirkstoff. Diese Mittel wirken gegen beißende und saugende Insekten sowie gegen Spinnmilben. Auch gegen pilzliche Erkrankungen gibt es einige biologische Mittel.

Nützlinge
Am größten ist jedoch die Freude, wenn sich Nützlinge von selbst auf dem Balkon einstellen. Nicht alles was da gelegentlich fliegt oder kriecht ist ein Schädling. Marienkäfer, Florfliegen und einige Schlupfwespenarten können manche Schädlingsplage im Zaum halten.

Der Marienkäfer und seine Larven sind natürliche Feinde der Blattläuse.

So schön kann ein Balkon sein

Wer einmal Feuer gefangen hat, den läßt die Lust am »Balkongarten« nicht mehr los; sei es für die Blumenpracht im Sommer oder rund ums Jahr. So persönlich und ideenreich man die eigene Wohnung einrichten kann, so viele Möglichkeiten gibt es auch für die Gestaltung von Fenstersims, Balkon und Terrasse, für die Verschönerung und Belebung des Hauses. Der Umgang mit Pflanzen bringt Freude und Abwechslung in den Alltag, Überraschungen und auch manchmal etwas Kummer, wenn es bei aller Mühe nicht so recht wachsen und blühen will. Nicht immer liegt es allein am »unberechenbaren« Wetter unseres Breitengrades.
Wenn wir dann durch Erfahrungen »wissender« geworden sind, kann die Balkongärtnerei alljährlich neuen Inhalt erfahren.
Wird der Balkon zum »Zimmer im Freien« kann man schon im Vorfrühling in einer geschützten Ecke draußensitzen und das beginnende Wachstum erleben. Später kommen vielleicht das Frühstück im Freien und die in manchen Jahren selteneren, aber dafür umso intensiver genossenen warmen Sommerabende in froher Runde hinzu.
Inmitten des Balkongartens können wir vom Alltagsbetrieb abschalten. Das macht uns im Kleinen »zuständig für Grün«.

Pflanzbeispiele

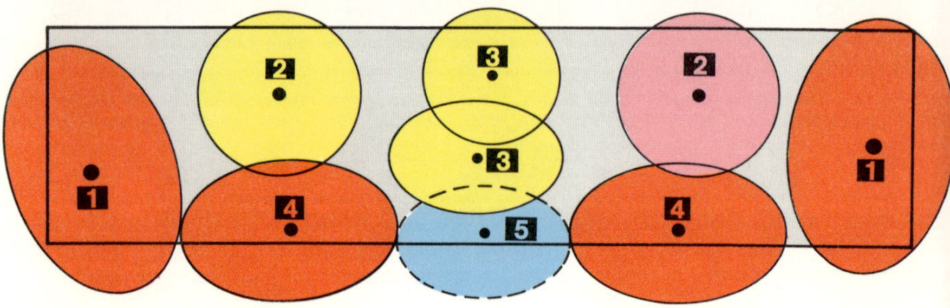

1 Pelargonien, stehend, rot
2 Knollenbegonien, orange
3 *Tagetes,* stehend, gelb
4 Fleißiges Lieschen, hängend, rot
5 Lobelien, hängend, blau

Saisonbepflanzung Kästen

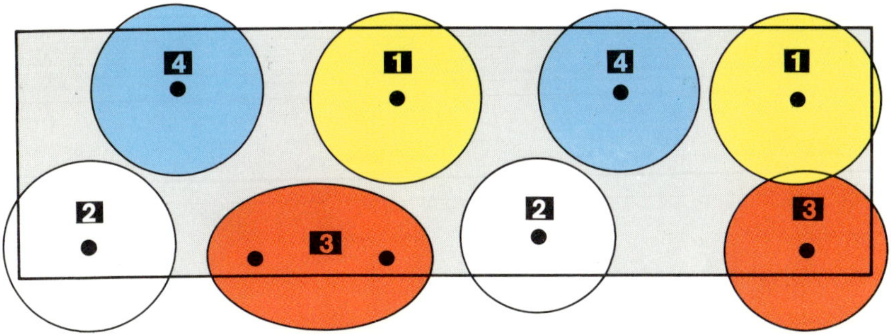

1 Stiefmütterchen, gelb
2 Stiefmütterchen, weiß mit Auge
3 *Bellis,* rot
4 *Myosotis,* blau

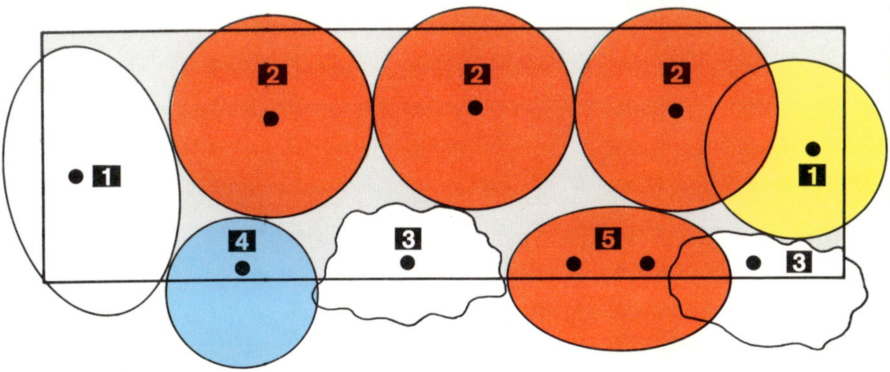

1 Calceolarie, gelb
2 Samenpelargonien, rosa
3 *Alyssum,* hängend, weiß
4 *Ageratum,* violett, blau
5 Heddewig-Nelke, rot

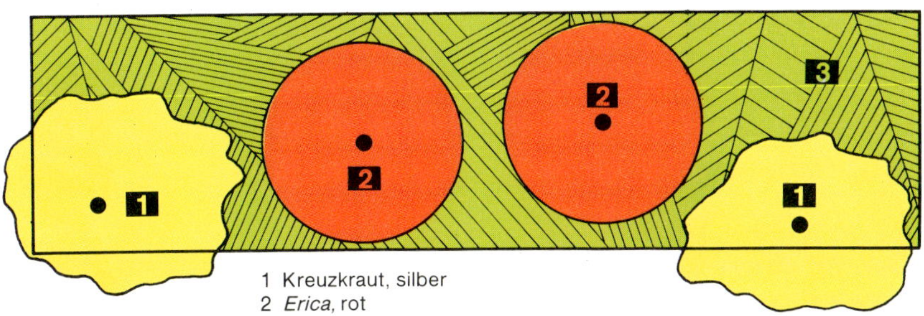

1 Kreuzkraut, silber
2 *Erica,* rot
3 gesteckte Latschenzweige

Pflanzbeispiele

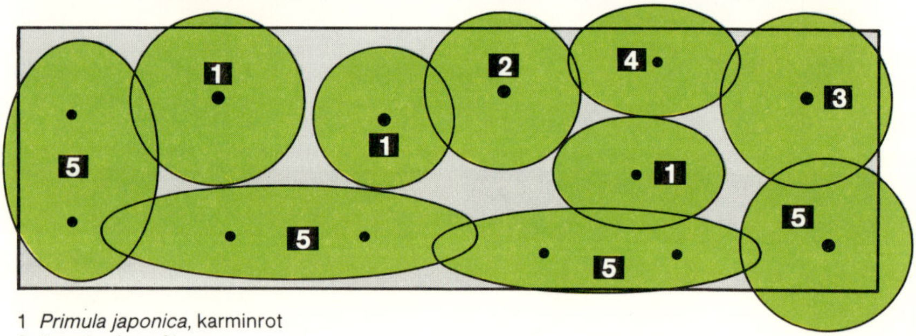

1 *Primula japonica,* karminrot
2 *Luzula nivea,* Simse
3 *Dicentra farinosa,* rosa
4 *Tiarella cordifolia,* weiß
5 *Corydalis lutea,* gelb

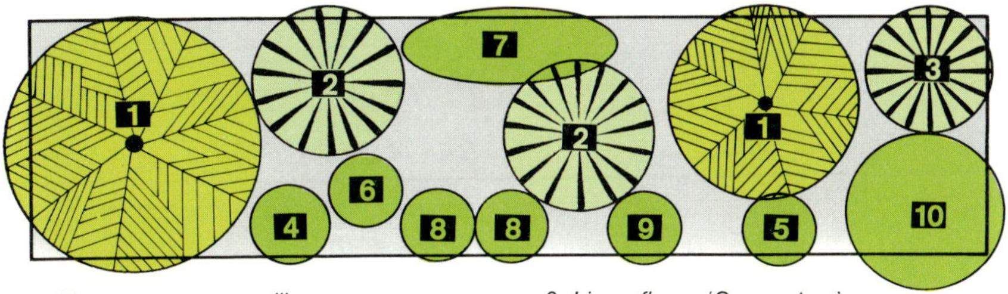

1 *Pinus mugo* ssp. *pumilio*
2 *Festuca glauca*
3 *Stipa barbata*
4 *Veronica spicata*
5 *Saxifraga arendsii*
6 *Linum flavum* 'Compactum'
7 *Aubrieta × cultorum*
8 *Alyssum montanum*
9 *Campanula garganica*
10 *Phlox subulata*

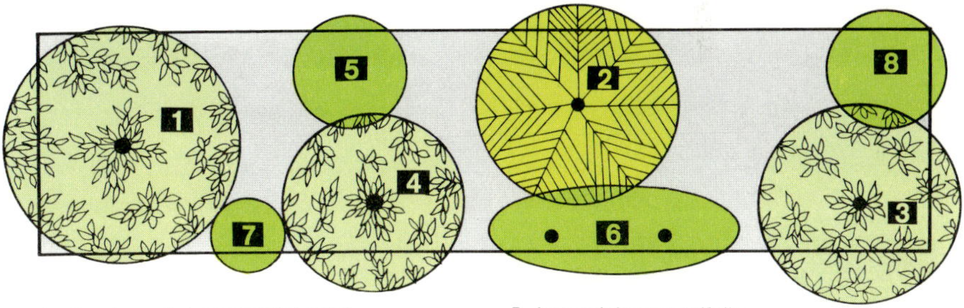

1 *Cryptomeria japonica* 'Cristata'
2 *Chamaecyparis obtusa* 'Nana Gracilis'
3 *Potentilla fruticosa*, rot
4 *Cytisus purpureus*
5 *Lavandula angustifolia*
6 *Gypsophila repens*
7 *Achillea ageratifolia*
8 *Linum perenne*

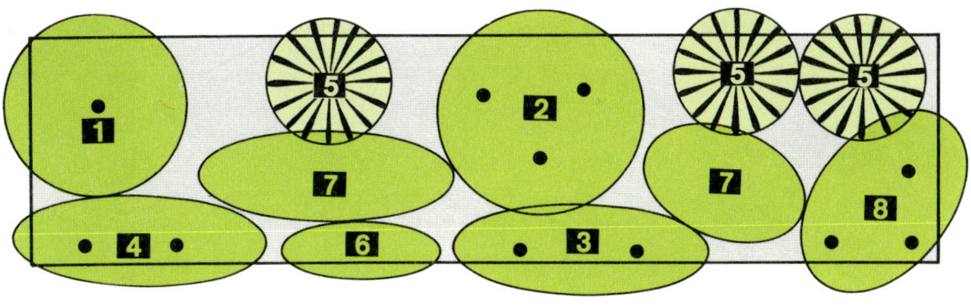

1 *Iberis saxatilis*
2 *Helianthemum*-Hybride
3 *Thymus serpyllum* 'Coccineus'
4 *Armeria maritima*
5 *Festuca glauca*
6 *Phlox subulata*
7 *Sedum floriferum*
8 *Dianthus deltoides*

Pflanzbeispiele

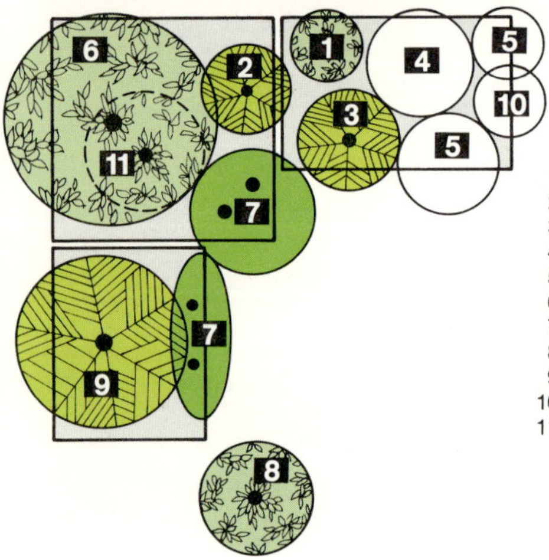

1 *Kiwi* (frostempfindlich)
2 *Picea glauca* 'Conica'
3 *Pinus mughus* ssp. *pumilio*
4 Wucherblume, einjährig, weiß
5 Lobelien, blau
6 *Betula verrucosa*
7 *Vinca minor*
8 *Yucca filamentosa*
9 *Chamaecyparis pisifera* 'Plumosa'
10 Pelargonie, weiß
11 *Azalea japonicum*

Dauerbepflanzung Grossgefässe

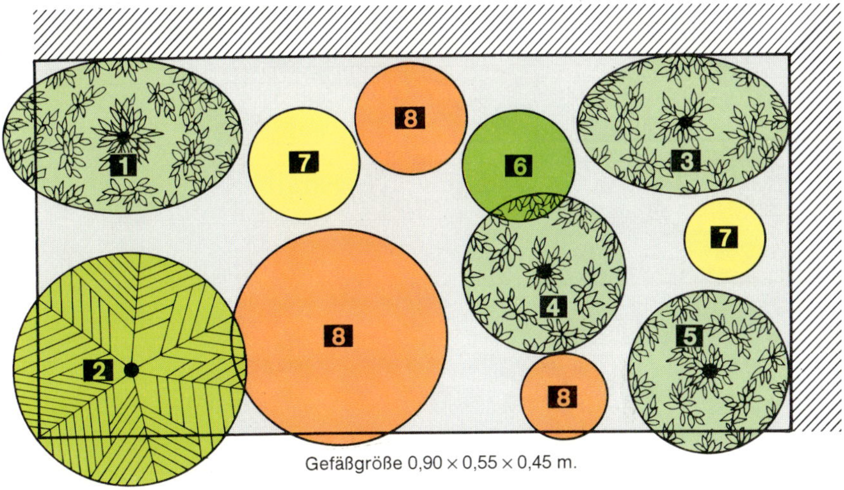

Gefäßgröße 0,90 × 0,55 × 0,45 m.

1 *Pyracantha*
2 *Juniperus communis repanda*
3 *Wisteria sinensis,* Kletterpflanze
4 *Chaenomeles japonica*
5 *Potentilla fruticosa,* weiß
6 *Chrysanthemum indicum*
7 Lilien-Hybriden
8 Wechselnde Unterbepflanzung – Frühjahr, Sommer, Herbst, einschließlich Blumenzwiebeln

1 *Amelanchier canadensis*
2 *Picea abies* 'Nidiformis'
3 *Juniperus horizontalis* 'Glauca'
4 *Chaenomeles japonica*
5 *Potentilla fruticosa*
6 *Salvia nemorosa*
7 *Oenothera tetragona*
8 *Sedum telephium*
9 *Dianthus caesius*
10 *Alyssum saxatile*

Gefäßgröße 1,00 × 1,00 × 0,60 m.

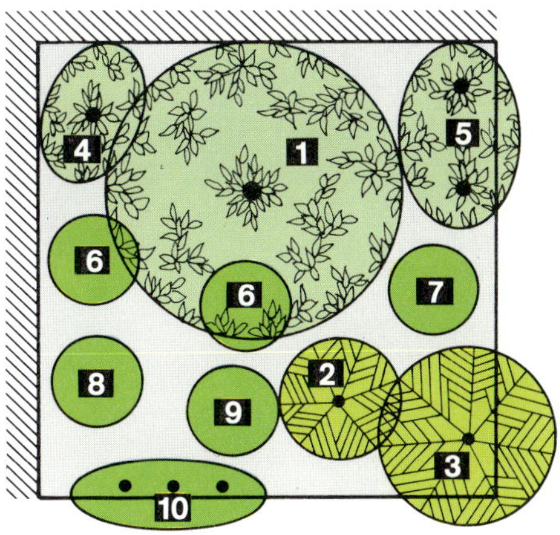

Pflanzbeispiele

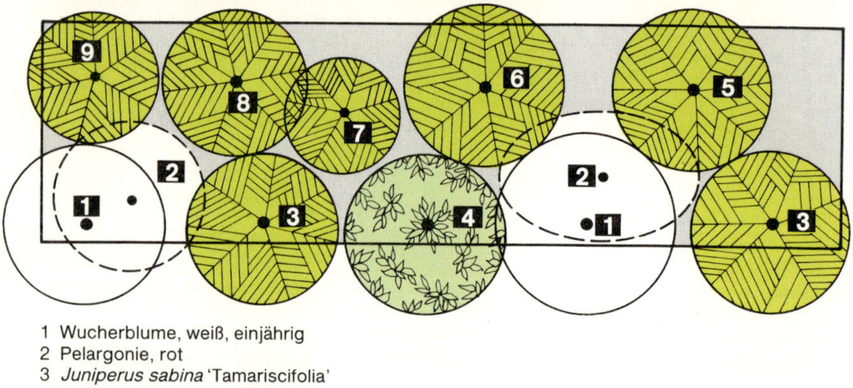

1 Wucherblume, weiß, einjährig
2 Pelargonie, rot
3 *Juniperus sabina* 'Tamariscifolia'
4 *Cotoneaster dammeri* 'Major'
5 *Juniperus squamata* 'Meyeri'
6 *Juniperus chinensis* 'Blaauw'
7 *Pinus mugo* ssp. *pumilio*
8 *Chamaecyparis lawsoniana* 'Columnaris'
9 *Chamaecyparis lawsoniana* 'Ellwoodii'

Dauerbepflanzung Pflanztröge

Troggröße 3,00 × 0,40 m.

1 *Picea abies* 'Echiniformis'
2 *Juniperus horizontalis* 'Glauca'
3 *Picea abies* 'Pumila Glauca'
4 *Juniperus chinensis* 'Old Gold'
5 *Juniperus chinensis* 'Blaauw'
6 *Cytisus kewensis*
7 *Cotoneaster watereri* 'Pendula'
8 *Chaenomeles japonica*
9 *Cotoneaster dammeri* 'Streib's Findling'
10 *Avena sempervirens*
11 *Carex buchananii*
12 *Pennisetum compressum*
13 *Nepeta × faasseni*
14 *Alyssum montanum*
15 *Oenothera tetragona*

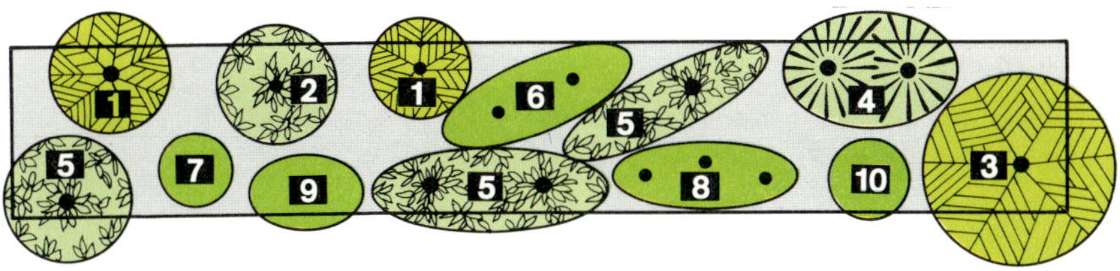

Troggröße 3,00 × 0,40 m.

1 *Pinus montana* ssp. *mughus* oder *P. m.* ssp. *pumilio*
2 *Cytisus praecox*
3 *Juniperus squamata* 'Blue Carpet'
4 *Festuca glauca*
5 *Cotoneaster dammeri* 'Major'
6 *Lavandula angustifolia*
7 *Dianthus caesius*
8 *Campanula portenschlagiana*
9 *Alyssum saxatile*
10 *Aubrieta × cultorum*

Beispiele für Nadelgehölze

Immergrüne Nadelgehölze

Deutscher Name	Botanischer Name	Höhe	Wuchs, Bemerkungen
Balsam-Tanne (Zwergform)	*Abies balsamea* 'Nana'	bis 0,5 m	kugeliger Wuchs
Grautanne (Zwergform)	*Abies concolor* 'Compacta'	1–2 m	unregelmäßiger Wuchs, große silbergraue Nadeln
Korea-Tanne (veredelt)	*Abies koreana*	bis 3 m	früh fruchtend
Scheinzypresse	*Chamaecyparis lawsoniana* 'Spek'	bis 2 m	kegel- bis säulenförmig
	Chamaecyparis obtusa 'Nana Gracilis'	1–1,5 m	schwachwüchsig
	Chamaecyparis pisifera 'Filifera Nana'	0,5–1 m	fadenförmige, überhängende Zweigspitzen
China-Wacholder 'Blaauw'	*Juniperus chinensis* 'Blaauw'	1–2 m	trichter- oder säulenförmig wachsend
China-Wacholder 'Keteleerii'	*Juniperus chinensis* 'Keteleerii'	1,5–2 m	Baumform, locker verzweigt, Nadeln bläulich bereift
China-Wacholder 'Old Gold'	*Juniperus chinensis* 'Old Gold'	bis 1 m	Äste breitausladend, Nadeln bronze-gold
Blauer Kriechwacholder	*Juniperus horizontalis* 'Glauca'	bis 0,3 m	flach, herabhängend, stahlblaue Nadeln
Zwerg-Wacholder	*Juniperus squamata* 'Blue Star'	bis 0,5 m	halbkugelig, blauweiße Nadeln
	Juniperus squamata 'Blue Carpet'	bis 0,5 m	ganz flach wachsend, blaugraue Nadeln
Igel-Fichte	*Picea abies* 'Echiniformis'	bis 0,5 m	igelförmig, gelblich-grün

Beispiele für Nadelgehölze

Deutscher Name	Botanischer Name	Höhe	Wuchs, Bemerkungen
Hänge-Fichte	*Picea abies* 'Inversa'	bis 3 m	als Solitär
Nest-Fichte	*Picea abies* 'Nidiformis'	bis 1 m	grün, kissenförmig
Serbische Fichte (Zwergform)	*Picea omorika* 'Nana'	1–2 m	dicht und kegelförmig wachsend
Zirbel-Kiefer	*Pinus cembra*	1–2 m	blaugrün, an Zweigenden pinselförmig
Zwerg-Kiefer	*Pinus mugo* ssp. *pumilio*, z. B. 'Gnom', 'Mops'	0,5–1 m	dicht und kugelig wachsend
Blaue Mädchen-Kiefer	*Pinus parviflora* 'Glauca'	bis 2 m	blaugrün bis silbrigblau
Blaue Kriech-Kiefer	*Pinus pumila* 'Glauca'	bis 0,5 m	1,0 bis 1,5 m breit, locker wachsend
Säulen-Eibe	*Taxus baccata* 'Fastigiata'	bis 3 m	schmale Säulen
Tafel-Eibe	*Taxus baccata* 'Repandens'	bis 0,5 m	Zweige niederliegend
Zwerg-Lebensbaum	*Thuja occidentalis* 'Recurva Nana'	bis 1 m	kugelig
Lebensbaum 'Smaragd'	*Thuja occidentalis* 'Smaragd'	bis 2 m	regelmäßiger, schmaler Kegelwuchs
Hemlockstanne 'Jeddeloh'	*Tsuga canadensis* 'Jeddeloh'	bis 0,5 m	sehr zierliche, feinzweigige Zwergkonifere
Hemlockstanne 'Nana'	*Tsuga canadensis* 'Nana'	bis 1 m	sparrig

Beispiele für Laubgehölze

Immergrüne Laubgehölze

Deutscher Name	Botanischer Name	Höhe	Blütezeit	Farbe, Bemerkungen
Berberitze	*Berberis julianae*	bis 2,5 m	V–VI	gelb; blauschwarze Beeren
	Berberis verruculosa	0,5–1,0 m	V–VI	goldgelb; Herbstfärbung
Buchsbaum	*Buxus sempervirens*	bis 1 m		Blüten unscheinbar
Felsenmispel	*Cotoneaster dammeri*	0,2–0,8 m	V–VI	weiß; roter Fruchtschmuck
	Cotoneaster salicifolius	bis 3 m	VI	weiß; korallrote Früchte in Büscheln
	Cotoneaster × watereri 'Pendulus'	bis 0,5 m	VI	weiß; leuchtende Früchte; rasch wachsende Kriechform
Efeu	*Hedera helix*			nicht kletternde Sorten als Bodendecker, Kletterer über 10 m
Stechpalme	*Ilex aquifolium*	2–4 m	V–VIII	weiß; leuchtendrote Früchte
Kirschlorbeer	*Prunus laurocerasus*	bis 1 m	IV–V	weiß; breit wachsend
Feuerdorn	*Pyracantha coccinea*	2–3 m	V	weiß; gelbe bis rote Früchte, geschützter Standort
Bambus	*Sinarundinaria murielae*	4 m		grüngelbe Stämme
Schneeball	*Viburnum × burkwoodii*	2 m	III	rosaweiß
	Viburnum davidii	bis 0,6 m	V–VII	weißlich-rosa; breite Doldenrispen
Moorbeetpflanzen				
Besenheide	*Calluna vulgaris*	0,2–0,6 m	VI–X	weiß, roa, rot
Schneeheide	*Erica carnea*	0,3–0,4 m	II–V	weiß, rosa, rot
Rhododendron	*Rhododendron*-Hybriden	0,5–1,5 m	V	viele Farben

Beispiele für Laubgehölze

Sommergrüne Laubgehölze

Deutscher Name	Botanischer Name	Höhe	Blütezeit	Farbe, Bemerkungen
Ahorn	*Acer japonicum* 'Aconitifolium'	bis 2 m	V	purpur mit gelb; feurigrotes Herbstlaub
Fächerahorn	*Acer palmatum*	bis 1,5 m		besondere Blattformen und Herbstfarben
Azaleen-Hybriden	*Azalea*-Hybriden	bis 1,5 m	V	viele Farben; Moorbeetpflanzen
Felsenbirne	*Amaelanchier canadensis*	bis 4 m	IV–V	weiß; Herbstfärbung
Berberitze	*Berberis × ottawensis* 'Superba'	bis 1,5 m	IV–V	gelb u. rot; Früchte hellrot; Laub braunrot
	Berberis thunbergii 'Atropurpurea Nana'	0,3–0,5 m		Blüte unscheinbar; Laub blutrot bis purpurn
Sommerflieder	*Buddleia davidii*	2–3 m	VII–IX	viele Farben; stark duftend
Scheinquitte	*Chaenomeles*-Hybriden	1–1,5 m	IV–V	weiß bis rot; Fruchtschmuck
Korkenzieher-Hasel	*Corylus avellana* 'Contorta'	bis 2 m	III–IV	grün-gelb; Form im Winter auffallend
Zwergmispel	*Cotoneaster hybridus*	0,5–3 m	VI	weiß; roter Fruchtschmuck; verschiedene Wuchsformen
	Cotoneaster praecox	0,8–1,5 m		rosa; rote kugelige Früchte
Elfenbeinginster	*Cytisus × praecox*	1,0–1,5 m	IV–V	gelb, rosa, rot; trokkenheitsresistent
	Cytisus scop.	1,0–1,5 m	V	gelb, rosa, purpurrot
Spindelbaum	*Euonymus alatus*	bis 2 m		Herbstfärbung
Ginster	*Genista lydia*	0,5 m	V–VI	gelb; dürreresistent

Beispiele für Laubgehölze

Deutscher Name	Botanischer Name	Höhe	Blütezeit	Farbe, Bemerkungen
Zaubernuß	*Hamamelis japonica*	bis 1,5 m	I–IV	dunkelgelb; Blüte am Kahlholz
	Hamamelis mollis	bis 2 m	I–III	gelb-kupferrot
Hortensie	*Hydrangea arborescens*	1,0–3,0 m	VII–IX	weiß
	Hydrangea petiolaris	bis 4 m	V–VII	weiß; rankend
Winterjasmin	*Jasminum nudiflorum*	bis 1,5 m	XII–III	gelb; Winterblüher; Spalier
Jelänger-jelieber	*Lonicera* 'Dropmore Scarlet'	3–4 m	VI–IX	orangerot; Schlinger
	Lonicera × heckrottii	3–4 m	VI–VIII	gelb-rötlich; Schlinger
	Lonicera × tellmanniana	5–6 m	V–VII	gelb; große, rote Früchte; Schlinger
Schling-knöterich	*Polygonum aubertii*	bis 10 m	IX–X	weiß; starkwüchsiger Schlinger
Fingerstrauch	*Potentilla fruticosa*	0,3–1,0 m	VI–X	gelb, weiß, rot; sehr dankbare Sommerblüher
Zier-Kirsche	*Prunus subhirtella* 'Autumnalis'	bis 3 m	X–XII u. IV	weißlich-rosa; blüht im Winter
Mandel-bäumchen	*Prunus triloba*	bis 1,5 m	IV	rosa; dichtgefüllte Blüten
Essigbaum	*Rhus typhina*	bis 4 m	VI–VII	rot; Herbstfärbung
Weide	*Salix wehrhahnii*	1,0–1,5 m	V–VI	gelb; Kätzchen vor Aufblühen silberweiß
Spierstrauch	*Spiraea bumalda* 'Anth. Waterer'	0,6 m	VII–IX	karminrot
Flieder	*Syringa-Vulgaris-*Hybriden	bis 3,5 m	V	viele Farben
Koreanischer Schneeball	*Viburnum carlesii*	1,5 m	IV–V	weiß; bei Blühbeginn rosa
Duftender Schneeball	*Viburnum fragans*	bis 3 m	XI–I u. II–IV	weiß bis rosa
Blauregen-Glyzine	*Wisteria sinensis*	bis 6 m	IV–V	blau; Schlinger

Beispiele für Stauden

Niedrige Stauden für sonnige Standorte

Deutscher Name	Botanischer Name	Höhe	Blütezeit	Farbe, Bemerkungen
Schafgarbe	*Achillea ageratifolia*	15 cm	VI–VII	weiß; grauweißes Blatt; wintergrün
Steinkraut	*Alyssum montanum*	20 cm	IV–V	gelb; Polster bildend
Katzenpfötchen	*Antennaria dioica*	5–10 cm	V–VII	rosa, weiß; Ausläufer bildend
Grasnelke	*Armeria maritima*	15 cm	V–IX	weiß, rosa, rot; runde Polster
Blaukissen	*Aubrieta × cultorum*	10 cm	IV–V	blau, violett, rosa; polsterförmig
Glockenblume	*Campanula portenschlagiana*	15 cm	VI–VIII	blauviolett; Ausläufer treibend
	Campanula poscharskyana	15 cm	VI–VIII	hellblau; Ausläufer treibend
Pfingstnelke	*Dianthus caesius*	15 cm	V–VI	rosa, rotviolett; polsterbildend
Heidenelke	*Dianthus deltoides*	15 cm	V–VIII	rot; rasenartiger Wuchs
Wüstengoldaster	*Eriophyllum lanatum*	25 cm	VI–VIII	goldgelb
Storchschnabel	*Geranium dalmaticum*	10 cm	VI–VII	rosa, weiß; polsterförmig
Schleierkraut	*Gypsophila repens*	10 cm	V–VI	rosa, weißlich; ausgebreitet buschig
Sonnenröschen	*Helianthemum × hybridum*	15 cm	VI–IX	rosa, rot, gelb; flächig wachsend; großblütige Farbsorten sind frostgefährdet
Schleifenblume	*Iberis saxatilis*	10 cm	IV–V u. IX	weiß; stark verzweigt, buschig
Zwergschwertlilie	*Iris barbata-nana*	15–20 cm	V–VI	viele Farben
Goldflachs	*Linum flavum* 'Compactum'	20 cm	VI–VIII	hellgelb

Deutscher Name	Botanischer Name	Höhe	Blütezeit	Farbe, Bemerkungen
Nachtkerze	*Oenothera missouriensis*	25 cm	VI–IX	hellgelb; niederliegend
Teppichphlox	*Plox subulata*	10 cm	IV–V	blau, weiß, rot; polsterförmig ausgebreitet
Fetthenne	*Sedum floriferum*	15–20 cm	VII–VIII	goldgelb; teppichartig
	Sedum spurium	10–15 cm	VII–VIII	weiss, rot; teppichartig
Leimkraut	*Silene schafta* 'Splendens'	10 cm	VIII–IX	rosa; rasenartig; locker wachsend
Feldthymian	*Thymus serpyllum*	5 cm	VII–VIII	karminrot, weiß; mattenförmig

Niedrige Stauden für halbschattige bis schattige Standorte

Deutscher Name	Botanischer Name	Höhe	Blütezeit	Farbe, Bemerkungen
Günsel	*Ajuga reptans* 'Atropurpurea'	15 cm	V–VI	blau; Blatt purpurrot
Frauenmantel	*Alchemilla hoppeana*	15 cm	VI–VII	gelblich-grün
Glockenblume	*Campanula garganica*	15 cm	VI–VIII	blau mit weißer Mitte
Elfenblume	*Epimedium grandiflorum*	20 cm	V	weiß mit langem Sporn
Knöterich	*Polygonum affine*	20 cm	VIII–IX	rot
Polsterprimel	*Primula × pruhonica*	15 cm	IV	rötlich mit gelbem Auge
Moossteinbrech	*Saxifraga × arendsii*	15 cm	V	rot
Immergrün	*Vinca minor*	15 cm	IV–V	blau; Triebe bis 50 cm lang
Waldsteinie	*Waldsteinia geoides*	15 cm	IV–V	gelb

Beispiele für Stauden

Mittelhohe Stauden für sonnige Standorte

Deutscher Name	Botanischer Name	Höhe	Blütezeit	Farbe, Bemerkungen
Schafgarbe	*Achillea millefolium*	50–70 cm	VI–VIII	weiß, gelb, rot
Junkerlilie	*Asphodeline lutea*	70 cm	V–VI	gelb
Aster	*Aster amellus*	50–80 cm	VIII–IX	violett, rosa
	Aster dumosus	30–50 cm	VIII–X	blau, rosa, violett
Spornblume	*Centranthus ruber*	60 cm	VI–VIII	dunkelrosa, weiß
Margerite	*Chrysanthemum coccineum*	50–80 cm	V–VI	rot, rosa; nur niedrige Sorten verwenden
	Chrysanthemum leucanthemum	50 cm	V–VI	weiß
Feinstrahl	*Erigeron*-Hybriden	50–70 cm	VI–VII	
Alpendistel	*Eryngium alpinum*	80 cm	VII–VIII	stahlblau
Wolfsmilch	*Euphorbia polychroma*	40 cm	V–VI	gelb
Schleierkraut	*Gypsophila paniculata*	60–80 cm	VI–VIII	weiß, rosa
Lavendel	*Lavendula angustifolia*	20–60 cm	VII–IX	hellblau bis violett
Prachtscharte	*Liatris spicata*	60–80 cm	VII–IX	violett, lila, weiß
Alpenlein	*Linum perenne*	50 cm	VI–VIII	blau
Pechnelke	*Lychnis viscaria*	40 cm	V–VI	rot
Nachtkerze	*Oenothera tetragona*	60 cm	VI–VIII	gelb
Islandmohn	*Papaver orientale*	30 cm	VI–IX	gelb, rot, weiß
Sonnenhut	*Rudbeckia sullivantii*	70 cm	VIII–X	gelb
Salbei	*Salvia nemorosa*	30–40 cm	VI–VII	hellblau, dunkelviolett

Deutscher Name	Botanischer Name	Höhe	Blütezeit	Farbe, Bemerkungen
Fetthenne	*Sedum telephium*	40–50 cm	IX–X	rostrot, rosa
Königskerze	*Verbascum × hybridum*	80 cm	VI–IX	gelb, rosa
Ehrenpreis	*Veronica spicata*	30–40 cm	VII–IX	blau, rosa, weinrot
Palmlilie	*Yucca filamentosa*	50 bis 150 cm	VII–VIII	weiß; immergrün; für Kübel, große Gefäße

Mittelhohe Stauden für halbschattige bis schattige Standorte

Deutscher Name	Botanischer Name	Höhe	Blütezeit	Farbe, Bemerkungen
Frauenmantel	*Alchemilla mollis*	30–50 cm	VI–VII	grünlichgelb
Akelei	*Aquilegia*-Hybriden	40–70 cm	V–VI	viele Farben
Astilbe	*Astilbe*-Hybriden	40–80 cm	VI–VIII	weiß, rosa, rot
Bergenie	*Bergenia cordifolia*	30–40 cm	IV–V	rosa, rot; im Sommer nachblühend
Gemswurz	*Coronicum caucasicum*	40 cm	IV–V	gelb
Storchschnabel	*Geranium platypetalum*	50 cm	VI–VIII	blauviolett
	Geranium sanguineum	30 cm	V–VIII	karminrot, rosa
Purpurglöckchen	*Heuchera*-Hybriden	40–60 cm	VI–VIII	rot, rosa
Funkie	*Hosta sieboldiana* und andere	30–60 cm	VII–VIII	hell blauviolett
Orchideenprimel	*Primula vialii*	40 cm	VI–VIII	Ähre hellviolett; Kelch hellviolettrot

Beispiele für Gräser

Ziergräser

Deutscher Name	Botanischer Name	Höhe	Blütezeit	Wuchsform
Blaustrahlhafer	*Avena sempervirens*	50 cm	VII/VIII	Blatt graublau
Moskitogras	*Bouteloua gracilis*	25 cm	VII–IX	braune, waagrecht abstehende Ährchen
Zittergras	*Briza media*	40 cm	V/VI	Blüte herzförmig; Blatt grün
Rote Segge	*Carex buchananii*	50 cm	VII	Blatt rotbraun
Japan-Segge	*Carex morrowii*	40 cm	III–V	Blatt dunkelgrün mit hellem Rand
Blauschwingel	*Festuca glauca*	20 cm	VI/VII	bläuliche Horste
Bärenfellgras	*Festuca scoparia*	20 cm	VI/VII	polsterförmiger Wuchs
Flaschenbürstengras	*Hystrix patula*	50 bis 80 cm	VI–VIII	Blatt schilfartig
Blauschopfgras	*Koeleria glauca*	30 cm	VI/VII	blaugrüne Horste
Silberährengras	*Lasiagrostis calamagrostis*	80 cm	VI–X	gelblich lockere Blütenrispen, schweifartig überhängend
Wimperperlgras	*Melica ciliata*	60 cm	V/VI	Ähren silbrigweiß
Lampenputzergras	*Pennisetum compressum*	80 cm	VIII–X	Blütenähre rotbräunlich
Reiher-Federgras	*Stipa barbata*	30 bis 60 cm	VII/VIII	zierliche Horste

Beispiele für Blumenzwiebeln

Blumenzwiebeln

Deutscher Name	Botanischer Name	Höhe	Farbe, Bemerkungen
Schneeglanz	*Chionodoxa* verschiedene Arten	bis 15 cm	weiß, hellblau, hellrosa, zweifarbig
Krokus	*Crocus* verschiedene Arten	bis 10 cm	weiß, lila, gelb, blau, violett; früh- bis spätblühende Arten
Winterling	*Eranthis hyemalis*	bis 10 cm	gelb; erster Frühlingsbote
Schneeglöckchen	*Galanthus* verschiedene Arten	10–12 cm	einfach und gefüllt blühend; Frühlingsbote
Hyazinthen	*Hyacinthus orientalis*	15–20 cm	weiß, gelb, rosa, rot, blau; Früh- bis Spätsorten
Iris	*Iris reticulata*	10–15 cm	blau; besonders für Balkon geeignet
Märzenbecher	*Leucojum vernum*	bis 15 cm	weiß; blüht nach Schneeglöckchen
Lilien	*Lilium* verschiedene Arten	bis 80 cm	viele Farben und Formen; bevorzgt für größere Gefäße
Traubenhyazinthe	*Muscari* verschiedene Arten	bis 20 cm	weiß, hell- und dunkelblau, violett; überwintert gut
Narzissen	*Narcissus* verschiedene Arten	15–35 cm	meist gelbliche Farbtöne; gefüllte und mehrblütige; Sortenvielfalt! Lange Blühsaison durch Sorten- und Artenkombinationen; Zwergtypen
Tulpen	*Tulipa* verschiedene Arten	10–50 cm	alle Farben und Formen; Sortenvielfalt riesengroß; Früh- bis Spätsorten; hohe Sorten windanfällig
Blaustern	*Scilla* verschiedene Arten	bis 15 cm	weiß, blau, rosa; zarte Blüten; in Tuff's pflanzen

Beispiele für Sommerblumen

Einjährige Sommerblumen für Kästen und Unterpflanzungen in voller Sonne

Deutscher Name	Botanischer Name	Höhe	Farbe, Bemerkungen
Begonien	*Begonia-Semperflorens*-Hybriden	20–30 cm	viele Blütenfarben von weiß bis dunkelrot; Blattfarben; 'Party Boy', 'Party Girl'
Pantoffelblume	*Calceolaria integrifolia*	20–30 cm	gelb; auch Halbschatten
Ringelblume	*Calendula officinalis*	20–30 cm	orange, gelb; Zwergsorten
Astern	*Callistephus chinensis*	20–30 cm	viele Farben und Formen; nur Zwergtypen verwenden
Wucherblume	*Chrysanthemum multicaule*	bis 25 cm	gelb
	Chrysanthemum paludosum	20–30 cm	weiß mit gelber Mitte; Rückschnitt im August fördert zweiten Flor
Buntnessel	*Coleus-Blumei*-Hybriden	bis 50 cm	buntes Laub, interessante Blattzeichnung
Zigarettenblümchen	*Cuphea ignea*	25–30 cm	interessante Blüte; buschig; auch Halbschatten
Topfdahlie	*Dahlia*-Hybriden	25–30 cm	weiß, violett, gelb; zweifarbig; nur kleine Sorten verwenden
Kaisernelke Heddewigsnelke	*Dianthus chinensis*	20–30 cm	weiß bis rosa, karmesin, lila; auch zweifarbig; teilweise gefiederte Blüten
Kalifornischer Mohn	*Eschscholzia californica*	30–40 cm	weiß, gelb bis rot; verschiedenfarbig
Mittagsgold	*Gazania*-Hybriden	20–30 cm	gelb, rosa, rot; grazile Blüten und Blätter; neu: Minisorten!
Sommerazalee	*Godetia grandiflora*	bis 30 cm	leuchtende Farben
Sonnenwende, Heliotrop	*Heliotropicum arborescens*	30–50 cm	tiefblau

Beispiele für Sommerblumen

Deutscher Name	Botanischer Name	Höhe	Farbe, Bemerkungen
Fleißiges Lieschen	*Impatiens wallerana*	15–35 cm	weiß, pastellfarben, leuchtende Farben, zweifarbig; auch als Unterpflanzung
Sommerzypresse Feuerbusch	*Kochia scoparia*	bis 100 cm	keine Blüten; dekoratives Laub; Herbstfärbung
Lobelie	*Lobelia erinus*	10–20 cm	weiß, hell- und dunkelblau; hängend
Duftsteinrich	*Lobularia maritima*	10–15 cm	weiß, rosa, violett; typische Randpflanze; hängend
Ziertabak	*Nicotiana sanderae*	30–100 cm	weiß, gelb, rosa, dunkelrot; viele Sorten
Salbei	*Salvia farinacea*	30–50 cm	dunkelblau
Feuersalbei	*Salvia splendens*	20–30 cm	leuchtend rot
Husarenknopf	*Sanvitalia procumbens*	bis 20 cm	goldgelb, in der Mitte braun; hängend
Kreuzkraut	*Senecio bicolor*	15–20 cm	silbrige Blätter
Studentenblume	*Tagetes-Erecta*-Hybriden	30–120 cm	gelb, orange, rotbraun, zweifarbig
	Tagetes Patula-Hybriden	um 20 cm	gelb, gelbbraun bis rotbraun; Bay-Sorten wertvoll
	Tagetes tenuifolia	20–40 cm	viele Farben und Sorten; feinfiedriges Laub; besonders wertvoll: 'Lulu'
Eisenkraut	*Verbena*-Hybriden	25–30 cm	weiß, dunkelblau, rosa, leuchtend rot, zweifarbig; viele Sorten; hängend
	Verbena peruviana		leuchtend scharlachrot; lang anhaltende Blüte; kriechend, hängend, locker wachsend; besonders für volle Sonne geeignet
Zinnie	*Zinnia angustifolia*	25–35 cm	viele Farben und Sorten; nur an geschützten Standorten
	Zinnia elegans	10–50 cm	einfach und gefüllt blühend; viele Sorten; nur an geschützten Standorten

Beispiele für Sommerblumen

Traditionelle Balkonpflanzen

(lassen sich bei entsprechendem Standort mehrmals überwintern)

Name	Sorte	Farbe, Bemerkung
Pelargonien (Geranien)		
Pelargonium-Zonale-Hybriden	'Hönnefrühling'	rosa; großblumig; einfach blühend; wetterfest
	'Verbesserte Paul Götz'	lachsrot; reichblühend; einfach blühend
	'Rubin'	rubinrot; gefüllt blühend
	'Stadt Bern'	zinnoberrot; einfach blühend; dunkles Laub; nieder bleibend
Pelargonium-Peltatum-Hybriden	'Hillscheider Amethyst'	dunkellila; gefüllt blühend; mittellang hängend
	'Lachskönigin'	lachsrosa; einfach blühend; mittellang hängend
	'Mexikanerin'	zweifarbig rot/weiß; halbgefüllt; lang hängend
	'Cascade'	lachsrot; einfach blühend; lang hängend; selbstreinigend
	'Ville de Paris'	lilarosa; einfach blühend; lang hängend; selbstreinigend
	'Mini-Cascade'	rosa, rot; einfach blühend; kurz hängend; sehr reich blühend; selbstreinigend
Samenpelargonien	'Sprinter'	scharlachrot; einfach blühend; Blüte etwas später; halbhoch
	'Red Express'	leuchtend rot; einfach blühend; halbhoch
Petunien		
Petunia-Hybriden	*Grandiflora-Nana*-F_1-Hybriden	weiß, rot, violett, dunkelblau, auch zweifarbig; zahlreiche Sorten; bis 25 cm hoch; großblumig
	Multiflora-Nana-F_1-Hybriden	weiß, rot, rosa, hell- u. dunkelblau, auch zweifarbig; sehr zalreiche Sorten; 25–40 cm; hängend; kleinere Blüten jedoch reichblühender; Blühbeginn etwas später, dafür aber ausdauernder

Beispiele für Sommerblumen

Name	Sorte	Farbe, Bemerkung
Fuchsien		
Fuchsia-Hybriden	'Ortenburger Festival'	rot/dunkelblau; einfach blühend; aufrecht
	'Dollarprinzessin'	rot/dunkelblau; gefüllt blühend; aufrecht
	'Elfriede Ott'	leuchtend rot; einfach blühend; halbhängend
	'Golden Glow'	lachsfarbig; einfachblühend; halbhängend bis hängend
	'Swingtime'	weiß/rot; gefüllt blühend; halbhängend; wetterfest
	'Cascade'	weiß/karminrot; einfach blühend; sehr reichblühend; hängend
	'Marinka'	karminrot; gef. blühend; hängend
	'Red Spider'	rot; einfach blühend; sehr wüchsig; hängend
Knollenbegonien		
Knollenbegonien-Hybriden	*Grandiflora-Compacta*-Gruppe	zahlreiche Farbsorten; mittelhoch; großblumig; windanfällig
	Multiflora-Maxima-Gruppe	zahlreiche Farbsorten; mittelhoch; kleinblumiger; etwas windanfällig; Nonstop-Sorten
	Flora-Pleno-Pendula-Gruppe	zahlreiche Farbsorten; niedrig; hängend
– Neuzüchtungen allgemein widerstandsfähiger und sonnenverträglicher –		
Wandelröschen		
Lantana-Camara-Hybriden	'Schloß Ortenburg'	ziegelrot mit gelb; sehr blühfreudig und rasch wachsend
	'Arlequin'	violett mit gelb; gute Verzweigung; wetterfest
	'Goldsonne'	gelb; mittelhoch; sehr widerstandsfähig
Lantana montevidensis		lila; hängend wachsend

Beispiele für Frühjahrsblüher

Frühjahrs- und Vorsommerblüher

Deutscher Name	Botanischer Name	Höhe	Farbe, Bemerkungen
Maßliebchen	*Bellis perennis*	15–20 cm	weiß, rosa, rot, auch zweifarbig; Blütengröße unterschiedlich
Goldlack	*Cheiranthus cheiri*	30–50 cm	orange, goldgelb
Vergißmeinnicht	*Myosotis*-Hybriden	15–30 cm	blau in verschiedener Intensität, auch weiß; unterschiedlich kompakt wachsend
Primeln	*Primula vulgaris*	bis 15 cm	leuchtende Farben
	Primula-Elatior-Hybriden	15–25 cm	Farbenvielfalt; blühen nach *Primula vulgaris*; große Einzelblüten; Stengel mit Blütendolden
	Primula denticulata	bis 30 cm	purpur, lila, weiß; Kugelprimeln
Stiefmütterchen	*Viola-Wittrokkiana*-Hybriden	15–25 cm	viele Sorten in den verschiedensten Farben und Blütengrößen; früh- und spätblühende Typen

Beispiele für Schlingpflanzen

Rank- und Schlingpflanzen

Deutscher Name	Botanischer Name	Höhe	Farbe, Bemerkungen
Glockenrebe	*Cobaea scandens*	2–3 m	bläulich-violette Glockenblüten; rankend
Teppichwinde	*Convolvulus tricolor*	3–4 m	am Gerüst; Pflege notwendig;
Zierkürbis	*Cucurbita pepo*		zahlreiche Fruchtformen und -färbungen; hängend
Prunkwinde	*Ipomoea tricolor*	bis 4 m	leuchtend blau, rot, weiß; schnellrankend
Wicke	*Lathyrus odoratus*	1,5–2 m	viele Farben, Sorten und Typen; nicht zu heiße Lagen
Feuerbohne	*Phasaeolus coccineus*	3–4 m	weiß und rot; rankend; stark wachsend
Sternwinde	*Quamoclit lobata*		rot-orange Blüten, später gelblich
Schwarzäugige Susanne	*Thunbergia alata*	1,5–2 m	orange mit dunkler Mitte; auch als Ampelpflanze
Kapuzinerkresse	*Tropaeolum majus*	bis 2 m	gelb, orangerot; robuste Pflanze; rankend, blüht in voller Sonne stärker!
	Tropaeolum-Hybriden	25–30 cm	gelb, rot; nicht rankend

Register

Register

Kakteen
und andere Sukkulenten
Hans Hecht
Blumenpraxis
Gestalten mit
Blüten und Blumen
mit Gräsern, Zweigen, Fruchtständen
Renate Richter
Bonsai
Pflege und Anzucht
japanischer Zwergbäume
Horst Daute
1×1
der Hydrokultur
Margot Schubert/Wolfgang Blaicher
Obstbaumschnitt
Kern-, Stein- und Beerenobst
Helmut Loose
BLV Garten- und Blumenpraxis
Helga Fritzsche
Gartenblumen
Stauden · Sommerblumen ·
Blumenzwiebeln
Gisela Zinkernagel
Gartenarbeit
richtig gemacht
Martin Stangl
Steingärten
Richtig anlegen, bepflanzen, pflegen
Wolfgang Hörster
BLV Garten- und Blumenpraxis
Biologischer
Pflanzenschutz
Naturgemäße Abwehr
von Schädlingen und Krankheiten
Marie-Luise Kreuter
BLV Garten- und Blumenpraxis